믿음이 흔들리는 당신에게

고물 심장,
고장 난 심장

고물 심장,
고장 난 심장

지은이 | 임홍섭
펴낸이 | 원성삼
본문/표지 디자인 | 안은숙
펴낸곳 | 예영커뮤니케이션
초판 1쇄 발행 | 2020년 10월 21일
등록일 | 1992년 3월 1일 제2-1349호
주소 | 04018 서울시 마포구 동교로 55 2층(망원동, 남양빌딩)
전화 | (02)766-8931
팩스 | (02)766-8934
이메일 | jeyoung@chol.com
ISBN 979-11-89887-31-5 (03230)

값 11,000원

이 도서의 국립중앙도서관 출판예정도서목록(CIP)은 서지정보유통지원시스템 홈페이지
(http://seoji.nl.go.kr)와 국가자료종합목록 구축시스템(http://kolis-net.nl.go.kr)
에서 이용하실 수 있습니다. (CIP제어번호 : CIP2020040369)

모든 인간은 하나님의 형상을 닮은 존귀한 존재입니다. 사람은 인종, 민족, 피부색, 문화,
언어에 관계없이 모두 다 존귀합니다. 예영커뮤니케이션은 이러한 정신에 근거해 모든 인
간이 존귀한 삶을 사는 데 필요한 지식과 문화를 예수 그리스도의 사랑으로 보급함으로써 우리가 속
한 사회에 기여하고자 합니다.

믿음이 흔들리는 당신에게

고물 심장,
고장 난 심장

임흥섭 지음

예영

오랜 시간

무너진 성을 함께 보수하고 증축해 온

복음의 동역자와

다음 세대 사역자들과

아내에게

감사의 마음을 전합니다.

김동호 _ 전 높은뜻연합교회

오직 의인은 믿음으로 말미암아 산다고 성경은 말씀합니다. 살아 보니 정말 그렇습니다.

이 세상을 떠날 때 사랑하는 자녀들에게 딱 한 마디의 유언만을 남길 수 있다면 무슨 말을 해야 할까를 생각한 적이 있습니다. 그때 제가 생각해 낸 것은 "예수 잘 믿는 사람이 되라."였습니다.

그런데 예수 믿는 것이 쉽지 않습니다. 많은 이유가 있는데 가장 큰 이유 중 하나는 이해가 안 되기 때문입니다. 그 때문에 예수를 받아들이고 믿고 사는 일이 어렵습니다.

아무리 이해하려고 해도 이해할 수 없는 부분이 있습니다. 인간은 유한하고 하나님은 무한하시기 때문입니다. 유한한 존재가 무한하신 존재를 다 이해한다는 것은 불가능한 일이고 그러므로 하나님을 다 이해하여 믿겠다는 것은 논리적으로 맞지 않는 일입니다.

그러나 조금만 깊이 생각하면 하나님께 대한 오해를 풀고 이해할 수 있는 것들도 많이 있습니다. 그런 것들이 이해되고 깨달아질 때 그것을 통하여 하나님께로 돌아올 수 있는 사람들도 많이 있습니다.

이번에 출판된 임흥섭 목사의 책은 그런 면에서 그와 같은 분들에게 큰 도움이 될 것이라고 생각합니다. 뿐만 아니라 이미 예수를 영접하고 믿는 사람들에게는 특히 많은 도움이 되리라 생각합니다. 이미 믿는 사람에게는 하나님께 대한 이해가 넓어지는 만큼 믿음도 더욱 더 깊어질 것이기 때문입니다.

그런 면에서 『고물 심장, 고장 난 심장』은 지성의 영향 속에서 기독교 교리에 흔들림이 있거나 기독교를 이해 못하는 분을 전도하기 위해 추천하고 선물하면 참 좋겠다고 생각합니다.

이 책을 통하여 많은 사람이 하나님을 받아들이고 이미 하나님을 믿는 사람들의 믿음이 더욱 깊어질 수 있기를 기대하는 마음으로 추천합니다.

김 형 준 _ 동안교회, 현 코스타 이사장

이 책은 하나님의 사랑과 인간의 죄성을 설명하면서 인간의 내면 문제와 인간에 의해서 만들어지는 죄의 문화를 성경적으로 설명하고 있습니다. 그래서 흐르는 강물을 거꾸로 거슬러 오르는 연어들처럼 복음의 진리를 현실 속에서 감당할 사명자를 필요로 하는 시대적 요청에 귀를 기울이며 이 책의 필요성을 언급합니다.

또한, 과학과 이성으로 무장한 인본주의에 맞서서 하나님의 절대진리를 외칠 수 있는 청년이 필요한 시대에 변화의 리더로서 그리스도인 청년이 어떻게 세워져야 할 것인가를 함께 고민하면서 저자의 지식과 지혜 그리고 경험을 녹여 그 해법을 제시합니다.

간결하지만 힘 있는 언어로 믿음이 흔들리는 다음 세대에게, 하나님께서 첫 호흡을 주신 것을 기억하여 전하는 "복음에는 담대하고, 삶에는 겸손하라."는 말은 우연히 나온 것이 아니라 오랫동안 선교사요 목회자요 또한 상담학자로서 사역해 온 실천가의 고뇌가 담긴 것입니다.

그래서 이 책은 시류와 사투를 벌이는 청년들에게는 격려와 용기를 주면서 방황하는 이 시대의 사람들에게 다음 세대로 이어지는 입구가 무엇인지를 제시해 줍니다.

다양성과 전문성 그리고 대중성의 복합적인 문화 속에서 성경의 길을 인도하는 글이면서도 현실적인 감각으로 풀어가는 인생의 참고서와도 같습니다. 독특한 저자만의 관점은 이 시대를 복음적으로 바라보는 풍성한 시각을 독자들에게 선물해 주리라 믿습니다.

김 병 삼 _ 만나교회

임흥섭 목사님과 함께 교제하며 다음 세대를 걱정하던 일이 엊그제 같은데, 목사님의 치열한 지적, 영적 씨름의 결실을 이렇게 마주하게 되니 참 기쁘고 감사한 마음이 듭니다.

요즘 세상은 참 '쿨'한 것을 좋아합니다. '지적이고 쿨한' 현대인은 아마도 이렇게 이야기하겠지요. "난 이성적이고 합리적인 사람이기 때문에 충분한 근거 없이는 믿을 수 없어." 언뜻 보면 멋진 삶의 태도인 것처럼 보입니다. 그러나 이러한 삶의 양식은 회의주의나 허무주의에 빠져버릴 수밖에 없습니다. 과학과 합리주의 그 자체만으로는 삶의 진정한 의미를 발견할 수 없기 때문입니다. 이 책은 과학과 이성의 이러한 허점을 잘 드러내 주고 있습니다.

우리의 삶은 불확실성으로 가득 차 있습니다. 그렇기에 인간은 본능적으로 '확실성'을 찾아 헤매는 존재입니다. 사람들은 눈으로 확인할 수 있는 든든한 통장 잔고를 그 어떤 것보다 더 신뢰하기 마련입니다. 하지만 하나님이 존재하여 삶이 심판받을 가능성이 조금이라도 있다는 사실이 인간에게는 너무나도 불확실한 요소이겠지요. 그렇기 때문에 무슨 수를 써서라도 신이 없다는 것을 '확실화'하려 합니다. 그리고 신의 자리를 자신이 차지하려 합니다. 이것이 인간의 뿌리 깊은 죄성입니다.

우리가 기독교의 진리를 주장할 수 있는 것은 우리의 삶이 오직 하나님의 말씀과 그리스도의 피로 구원받았다는 사실 때문입니다. 복음은 우리의 말과 생각이 아니라 하나님의 뜻과 말씀이요, 그리스도께서 성육하심으로 보여 주신 무엇보다도 확실한 것이기에 우리는 신뢰하고 의지할 수 있습니다. 비록 지금은 믿음이 흔들리고 확실성에 대한 욕구를 채우지 못해 괴로울지라도 측량할 수 없는 하나님의 은혜가 우리의 삶 속에서 열매로 드러난다면 그것만이 우리가 유일하게 주장할 수 있는 무엇보다도 확실한 근거가 될 것입니다. 이 책이 이러한 그리스도인의 영적 여정에 있는 청년뿐 아니라 반기독교적 지성주의로 인해 혼란을 겪고 있는 많은 사람에게 큰 도움이 되기를 소망합니다.

김 재 열 _ 뉴욕 센트럴교회

"무조건 믿어!" 이렇게 해서 믿을 젊은이들은 하나도 없습니다. 요즘 젊은이들은 이성이나 지성보다는 자신의 감성이 움직여야 믿습니다. 그것도 약간의 믿음으로 …. 이런 젊은이들을 평생 사랑하면서 함께 보낸 임흥섭 목사는 여전히 젊은이 그대로입니다. 생각이 젊고, 마음이 젊습니다. 그리고 그의 삶 전부가 젊음입니다.

반평생을 코스타에서 그리고 지역 사회에서 젊은이들과 함께 지냈습니다. 그래서 아직도 젊은이들의 고민을 너무 잘 알고 있고 저들의 가치관을 꿰차고 있습니다. 이런 의미에서 이 책은 아무도 시원하게 긁어 줄 수 없는 청·장년들의 가려운 신앙 고민을 시원하게 긁어 주고 있습니다.
다원론적인 가치가 통하는 현대 속에서 이것도 좋고, 저것도 좋은데 마지막 끝에 가 보면 역시 진리는 정확하고 반드시 하나 밖에 없음을 모두가 인정하게 만드는 책이 참 매력 있습니다.

『고물 심장, 고장 난 심장』은 임흥섭 목사의 삶에 녹아 있는 메뉴들입니다. 유난히 과학과 철학에 관심이 많았던 그는 의사의 꿈을 가지고 출발했지만 복음을 위해 몸과 영혼을 함께 치유할 수 있는 선교사의 길을 선택했습니다. 그 삶 속에서 느낀 그의 경험적 고뇌가 이 책에 담겨 있습니다.

오랜 시간 그가 지성과 영성의 갈림길에서 고민하며 찾은 답이기에 처음부터 마지막 장까지 묘하게 빨려 들어갔습니다. 지성으로 인해 믿음이 흔들렸던 자신의 경험을 들어 신앙과 과학의 연결성과 명쾌한 복음의 진리까지 다루는 기막힌 구성이 매력이었습니다.

삶의 현장에 너무나 많이 널려 있는 다양한 젊은이의 고민과 문제들을 함께 풀어내는 상담가의 관점에서 지성인의 신앙적 고뇌와 갈등을 잘 이해하고 풀어낸 책으로 특히 교리에 흔들리는 청년들과 청·장년들이 다시 한번 읽어 볼 필요가 있는 도서입니다.
아무도 만져 주지 않는 거룩한 분노의 화산 같은 젊은이들에게 필독을 권합니다. 땅 밑에서 이글이글 끓어 오르고 있는 젊은이들의 용암 같은 가슴을 시원하게 터뜨려 삼층천까지 안내해 주는 『고물 심장, 고장 난 심장』을 강력하게 추천합니다.

박 영 덕 _ 주은혜교회, 전 IVF 총무

이 책은 우주 기원과 창조에 관해 왠지 기독교인은 덜 과학적이고 덜 지성적인 믿음을 가진 자라고 생각하는 이들에게 "결코 그렇지 않다."라고 논리적으로 설명하고 있다.
오히려 과학이야말로 공허한 기초를 갖고 시간이 지남에 따라 바뀌는 이론일 뿐이며, 온 우주와 인류를 지으시며 지금도 유지시키시는 하나님을 믿는 믿음이야말로 참 진리임을 역설하고 있다.

또한 이 책은 평소 문제를 정직하게 바라보고 치열하게 고민하고 나서 결론을 얻은 대로 행하는 저자의 삶의 자세와 이 깨달음을 알리려는 열정이 고스란히 묻어 있다. 그래서 딱딱한 주제와는 달리 책을 읽다 보면 주님을 향한 열심이 되살아나는 것을 독자들은 경험하게 될 것이다.

고(故) 손 인 식 _ 전 그날까지선교연합 국제대표, 전 어바인 벧엘교회

1996년 여름 날, 초롱초롱한 눈으로 제 사무실에서 소련 선교 보고를 해 주던 청년을 기억합니다. 복음에 대한 뜨거운 열정의 그 청년을 잊을 수 없었습니다. 그래서 그 복음의 열정을 전해 달라고 우리 교회 청년집회를 맡겼습니다. 그는 담대했고 군더더기 없이 간단 명료한 복음을 청년들에게 전해 주었습니다. 그 순간이 참 뜨거웠습니다.

그렇게 시작한 만남이 30년이 흘렀습니다. 임 목사님을 통해 많은 집회를 함께 섬기면서 임 목사님의 복음의 열정을 알게 되었고 이 책이 바로 그런 임 목사님의 복음 사랑을 전해 줍니다.
『고물 심장, 고장 난 심장』은 그의 성격을 고스란히 전해 줍니다. 늘 깊게 사고하고 진지하고 조직적이며 철저하게 준비하는 모습을 떠올리면서 이 책을 통해 청년 시기에 하나님과 멀어질 수 있는 분들, 특히 청년들을 향한 그의 간절함과 진정성이 전해지길 기대합니다.

이 책은 흔히 고민하면서도 마음 먹지 않으면 짚어 보고 넘어가지 않고 잊힐 수 있는 흔한 신앙의 고민에 대한 궁금증을 이해하기 쉽고 심도 있게 다룹니다. 특히 교회 리더들이 다음 세대를 이끌 때 도움이 될 만한 주제를 다룬 신앙 도서라고 생각되어 교회 학교 리더들과 신앙을 재정립하려는 분들께 추천합니다.

권 준 _ 시애틀 형제교회

교회 학교에서 고등부까지 잘 다니던 아이들이 대학에 가면서 신앙을 떠나는 것을 본다. 통계상으로는 약 90%의 고등부 졸업생들이 대학을 졸업할 때쯤에는 신앙 생활을 더 이상 하지 않는다고 한다. 부모의 손에 이끌려 교회에 나오고 신앙생활을 하던 아이들이 자유로운 삶과 성인이 되는 과정을 겪으며 개인적으로 만나지도 경험도 못했던 하나님을 떠나게 되는 것은 당연한 일이라 여겨진다.

그들에게 신앙이라는 것은 세련되지 못한 미개한 행위같이 여겨질 수도 있다. 지금 4차 산업 혁명 시대에 영원히 죽지 않는 길을 인공지능을 통해 찾으려고 하는 마당에 신의 존재를 논하고, 그 신에게 자신의 삶을 맡기고 의지한다는 것은 아주 나약한 인간이라는 것을 세상에 알리는 일이라 여겨질 것이다.

그래서 젊은이들에게 신앙을 전수하는 일은 정말 어렵다고 느껴진다. 그들이 세상의 학문, 즉 지성을 접하고 신앙의 선배들에게 물어 오는 많은 질문에 명쾌한 답을 한다는 것이 쉽지 않기 때문이다. 그들은 더욱 발전한 과학을 접했고, 더 많은 정보를 접했으며 그 정보들을 쉽게 찾아내고 비교할 수 있는 능력을 가졌기 때문에 그들이 가진 질문들에 만족한 답을 준다는 것이 쉽지 않은 것을 느낀다.

임흥섭 목사의 『고물 심장, 고장 난 심장』에는 오랜 세월 청년들과 함께하며 그들이 물었던 많은 질문에 대한 답을 주고 있다. 오랜 시간 정보를 찾고 연구하여 논리적 접근의 답을 찾아 설명해 놓았다.

전문적인 이야기, 과학적인 연구들이 목사인 나에게는 이해하기 어려운 부분이 있지만, 지성의 영향을 받아 고민하는 분들이나 관심 있는 분들에게 큰 도전이 될 것이다. 그런 면에서 젊은 지성인들은 흥미로워할 것이라 생각한다. 신앙생활을 하면서 언젠가 한 번은 꼭 알아 두어야 하는 부분을 잘 설명해 놓았다.

세상의 지성이라는 공격 앞에 신앙의 가치관을 잃을까 두려워하는 작가의 고민을 느끼면서 어려운 과학과 철학 이야기를 조금만 신경 쓰고 읽으면, 나처럼 과학적 지식이 없는 사람도 지성의 공격에 전혀 겁내지 않고 복음에 용기가 일어난 것처럼 여러분들도 지성 앞에 용감한 그리스도인이 되어 가는 것을 느낄 것이다.

그런 의미에서 이 책이 복음이라고 하는 좋은 답을 다음 세대의 지성인들에게 줄 수 있는 좋은 도구가 되리라 생각한다. 지성의 깊이만큼 더 깊은 신앙을 소유한 다음 세대를 키워 내기 원하는 마음으로 이 책을 적극 추천한다.

김한요 _ 현 어바인 벧엘교회

"과학이 무엇이 나쁩니까? 인간답게 사는 것이 뭐가 잘못된 것입니까?"
이런 질문들을 충분히 던질 수 있습니다. 아니, 오히려 던져야 할 시기가 왔습니다. 당연히 선으로 받아들여지는 가장된 가치관들이 신앙의 건널목에서 발목을 잡고 있는 이때에 꼭 던져야 할 질문이 되었습니다. 인간에게 생기를 불어넣어 주신 창조자가 인공지능이 되는 이 시대 세상에 꼭 되물어 보아야 할 시간이 되었습니다.

과학이라는 이름으로 하나님이 창조한 세상에서 하나님을 지우고, 인간답게 사는 휴머니즘을 앞세워 성경이 죄라 명한 동성애를 인권의 미명 아래 두둔하는 이 시대에 용감하게 이 질문에 답을 던지는 이 책은 시기적절합니다.
오랜 기간 청년 사역에 남다른 헌신을 한 임 목사님의 경험에 목회적 터치가 고스란히 배어 있는 이 책이 고민하는 크리스천 지성인들에게 큰 용기를 선물할 것을 믿고 추천하는 바입니다.

"내가 너를 떠나지 아니하며 버리지 아니하리니
강하고 담대하라.
두려워하지도 말며 놀라지도 말라.
네가 어디로 가든지
나 하나님 여호와가 너와 함께 하느니라."

사랑하는 형제자매,
삶터에서 우리의 신념에 용기를 갖고 사도 바울처럼
"내가 복음을 부끄러워하지 아니하노니(롬 1:16)."라고
분명히 밝힐 수 있기를 바랍니다.
그리고 그와 같은 용기로
"오직 말과 행실과 사랑과 믿음과 정절에 대하여
믿는 자에게 (용감한) 본이 되라(딤전 4:12)."는
바울의 권고를 따를 수 있기를 빕니다.
이 책이 바로 거대한 지성의 공격에서
하나님 나라를 이룰 수 있는 용기와 지혜를 줄 것입니다.

조지 버워
국제오엠선교회 창립자 겸 전 총재

다음 세대가

용감하고 겸손한 그리스도인이 되어

생명 없고, 구원 없고, 능력 없고, 희망 없는

패역한 세대가 공존하는

우리의 삶터에서

하나님 나라를

확장시키길 꿈꾼다.

차
례

추천의 글   6

프롤로그   18

제1부

지성에 고개 숙인 교회
세상에 영향력을 잃은 교회

잃어버린 용기   25

혼미해진 표준   33

이 시대의 청년으로 산다는 것은   40

고물 심장, 고장 난 심장   50

진짜 그리스도인 vs. 가짜 그리스도인   58

세상의 표준이 된 지성   68

제2부   하나님의 존재를 부정합니다
거대한 산, 지성 앞에서

지혜   81

세상을 향해 묻다   87

발전해 가는 과학   91

우주 진화론   97

빅뱅의 오류   102

우주 창조와 성경   112

원숭이는 인간의 조상?   119

블랙홀, 하나님이 계시지 않는 증거?   127

인공지능 사피엔스 시대의 새로운 신, 퀀텀 물리학   136

눈먼 시계공 vs. 첫 번째 시계를 만드신 분   144

제3부   지성과 도그마
과학으로 인해 흔들리는 교리

무신론   153

만들어진 신 vs. 존재하는 신   165

하나님의 존재에 관해 흔들리는 이들에게   172

마음을 온전히 주님께로   189

에필로그   195

"악을 만들고 벌 주시는 하나님은 존재하지 않습니다."

"왜 예수를 믿어야 합니까?

"신앙인으로서 세상의 생각과 싸우기가 힘듭니다."

"흔들리는 신앙, 어떻게 신앙을 회복할까?"

"하나님이 필요 없습니다. 인공지능(AI)이 있잖아요?"

"지구의 비밀은 빅뱅에 있습니다."

"기독교는 배타적 종교라 사양합니다."

"그리스도인의 낮은 인격 때문에 상처 주는 교회 지겹습니다."

"교회가 거룩과 성결을 잃었습니다."

코로나19로 인하여 한 번도 경험해 보지 못했던 삶을 살고 있습니다. 예상도 못했고 경험도 해 보지 못했던 삶입니다. 물론 미래도 예측하지 못하는 삶을 살아야 합니다. 우리는 교회에 모이는 것을 신앙생활로 착각하고 열심히 모였습니다. 그래서 세상에 나가면 신앙생활이 흔들리거나 두렵거나 복음을 어떻게 전하며 살아야 하는지 모르고 신앙생활을 했습니다. 그래서 많은 신앙생활에 문제점을 발견했습니다.

우리들은 예측할 수 없는 불확실한 시즌(Uncertain season)을 보내게 되었습니다. 앞으로의 사회는 지금 우리가 경험하고 있는 언컨택트 시대가 될지도 모릅니다. 그리스도의 복음은 '가라'고 하는데 지금껏 교회는 '머물라'고만 했습니다. 복음은 "잃어버린 자를 찾으라."고 했는데 교회는 '잃어버린 자가 교회 찾기'를 바랐습니다. 그래서 우리가 하나님 나라에 살면서도 세상을 이기지 못했습니다.

이 코로나19로 인한 신앙 경험을 하면서 복음을 어떻게 전하고 우리가 세상에 살면서 어떤 하나님 나라 백성의 모습으로 살아야 할지 고민해 보아야 할 것입니다. 이 준비는 아주 오래 전에 했어야 했다고 저는 생각해 보았습니다. 교회가 다음 세대들에게 이미 세상 속에서 어떻게 신앙을 지킬지를 준비시켰다면 저처럼 방황하는 신앙인이 없었을 것이라고 생각하기 때문입니다.

믿음 생활을 잘하던 청소년들 중에 고등학교를 졸업하고 사회에 진출하면서 과학과 철학이라 불리는 지성의 거대한 산 앞에 신앙의 정체성이 흔들리는 이들이 있습니다. 그런 상황과 여건 속에서 세상을 향해 담대하게 복음을 간직하는 것이 쉽지 않습니다. 고개 숙인 신앙인이 되어 버립니다.
이런 상황 속에서 길을 잃고 삶의 방향이 흔들리거나, 왜 예수를 믿어야 하는지 회의가 들기도 합니다. 더 나아가 하나님의 존재를 부정하고 무신론자가 되기도 합니다. 이렇게 청년 시기에 하나님과의 관계가 소홀해지거나 하나님을 떠난 이들이 다시 돌아오는 길이 너무 멀고 어렵습니다. 이렇게 신앙의 방황을 하고 있는 형제자매들이 있다면 이 책이 도움이 될 것이라 생각합니다.

저는 소련 선교사였습니다. 선교사였을 땐 복음을 전함에 있어 지금보다 더 담대한 그리스도인의 모습을 지녔던 것 같다는 생각이 자주 듭니다. 그땐 위험한 상황에서도 용기를 내 복음을 전했습니다. 그런데 지금은 믿음의 자유가 있음에도 불구하고 오히려 세상 앞에 고개 숙여 살고 있는 것 같습니다.

저는 지성이 하나님보다 큰 줄 알았습니다. 그래서 지성 앞에 고개를 숙였고 저는 작아졌고 부끄러웠고 우주는 하나님의 창조물이 아닐 것이라고 여기는 상황까지 가는 경험을 했습니다. 더 이상 전지전능한 하나님은 제 삶에 계시지 않는다고 믿었던 순간이 있었습니다.

오늘날도 과학과 철학이라는 지성은 수많은 그리스도인을 교회로부터 떠나도록 만들고 있습니다. 하나님의 존재를 부정하고 기독교를 비판하기 위해 교회를 거세게 밀어 붙이는 현실 속에 사랑스런 후배인 청소년들과 청년들이 속수무책으로 앓고 있습니다.

청년들은 안으로는 교회에 실망하고 밖으로는 지성의 공격에 무너져 교회를 떠나고 있습니다. 코로나19를 경험한 이후의 다음 세대의 신앙 모습은 더욱 혼란을 가져올 것입니다. 교회에 오지 않아도 되는 줄로 믿고 신앙생활을 할 것입니다. 믿음이 많이 흔들릴 것입니다.

믿음이 연약해진 신앙인들을 향해 휴머니즘과 문화의 공격이 더욱 거세질 것입니다. 예전처럼 교회 선후배가 서로 섬기고 순종하고 믿어 주고 위로해 주며 신앙을 이끌어 주는 그런 끈끈한 연대도 사라져갈 것입니다. 신앙을 지키려는 상황이 많이 변한 것 같습니다. 주일을 온전히 보내기 위해 거룩함을 무기 삼았던 교회의 모습도 이젠 옛말이 될 것입니다.

김병삼 목사님과 러시아 코스타를 함께 섬기던 시간에 저는 한국 교회와 다음 세대들이 지성에 고개를 숙이고 복음의 담대함을 잃어 버린 상황에 관해 이야기를 나눈 적이 있습니다. 그때 하나님의 존재를 부정하고 믿음을 잃고 있는 이들의 복음의 담대함을 회복하는 길이 시급하다고 생각했습니다.

올해는 제가 사역한 지 30주년이 되는 해입니다. 하지만 소련 선교사로 사역을 시작하여 지금까지 항상 한 가지 거룩한 부담감을 가지고 사역했습니다. 30년 동안 내내 거룩한 부담감이란 저를 괴롭혔던 지성과의 전쟁에 다음 세대를 위해 종지부를 찍는 일이었습니다.

이번 30주년 안식년은 특별한 안식년이 될 것 같습니다. 30년 동안 코스타와 같은 사역을 통해 청년들과 함께 오면서 그들에게 변함없이 강조한 것이 있습니다. "복음에는 담대하고, 삶에는 겸손하라."입니다. 지성으로 인해 믿음이 흔들리는 다음 세대에게 던지는 당부입니다. 믿음은 담대하고 삶이 겸손한 신앙인의 삶에 관한 생각을 몇 가지 차분히 적어 보려 합니다.

다음 세대에게 지성과 문화 그리고 휴머니즘 앞에 절대 고개 숙일 필요가 없다는 확신을 주고 싶습니다. 세상 앞에 주눅 들어 살 필요가 없습니다. 다만 확고한 믿음으로 복음에는 담대하고, 삶에는 겸손한 그리스도인의 모습을 살도록 준비해야 앞으로 전혀 예상치 못하는 더 힘든 미래를 대비하는 삶이 될 것입니다.

이 글의 주제만 보면 무겁습니다. 근사한 문장력을 가지고 감성을 자극하는 삶의 간증문과도 차이가 있습니다. 그래서 많은 고민을 했습니다. 아주 딱딱한 글이 될 것이라는 것을 알기 때문입니다. 하지만 진보한 이야기를 나누더라도 인내함으로 하나님의 영광을 함께 바라볼 수 있기를 원하며 출간하게 되었습니다. 이 뜻을 지지해 주신 많은 분과 예영커뮤니케이션 대표께 감사 드립니다.

이 책을 통해 신앙에 흔들리는 믿음의 시기를 걷고 있는 분들의 믿음이 더욱 단단해지기를 기도합니다. 그리하여 하나님께서 더 강하시고 그분은 현존하시며 이 삶터에 주인이심을 굳게 믿게 되길 기원합니다. 다가올 시대에 모두가 지성의 힘 앞에 겸손함으로 복음의 문을 담대히 두드려 신앙의 방황에 종지부를 찍을 수 있는 용기를 얻고 지혜를 찾을 수 있는 멋진 기회가 되길 바랍니다.

하얗게 눈이 덮인 콜로라도 로키산의 목양실
임 흥 섭 목사

제1부

지성에 고개 숙인 교회

세상에 영향력을 잃은 교회

바울의 마음처럼

내가 너희를 생각할 때마다 나의 하나님께 감사하며
간구할 때마다 너희 무리를 위하여 기쁨으로 항상 간구함은
너희가 첫날부터 이제까지 복음을 위한 일에 참여하고 있기 때문이라
너희 안에서 착한 일을 시작하신 이가
그리스도 예수의 날까지 이루실 줄을
우리는 확신하노라
내가 너희 무리를 위하여 이와 같이 생각하는 것이 마땅하니
이는 너희가 내 마음에 있음이며 나의 매임과 복음을 변명함과 확정함에
너희가 다 나와 함께 은혜에 참여한 자가 됨이라
내가 예수 그리스도의 심장으로
너희 무리를 얼마나 사모하는지
하나님이 내 증인이시니라
내가 기도하노라
너희 사랑을 지식과 모든 총명으로 점점 더 풍성하게 하사
너희로 지극히 선한 것을 분별하며
또 진실하여 허물 없이 그리스도의 날까지 이르고
예수 그리스도로 말미암아
의의 열매가 가득하여 하나님의 영광과 찬송이 되기를 원하노라.

(빌 1:3-11)

잃어버린
용기

세상을 향한 교회의 섬김과 전도는
교회가 세상과 다르다는 사실에 그 영향력이 좌우된다.
즉, 교회는 세상에 있되 세상에 속하지 말아야 한다.

주님,

저는 오늘도 숨을 크게 쉬어 봅니다.

그리고 저를 창조하시고 생명 주심에 감사하며

저의 복음 전할 소명을 다시 한번 생각하며 기도합니다.

오늘 청년 시절,

보지 못하고 경험해 보지 못한 하나님의 존재와

창조하심에 의심을 가졌던 부끄러운 삶을 회개합니다.

마치 코로나19로 인한 예측 불허의 세계를 경험하며 두려워하여

세상의 말에 약해졌던 저의 연약했던 모습과 같음을 보며

연약했던 믿음에 한없이 용서를 구합니다.

주님, 오늘 제 마음이 많이 아픕니다. 도움이 필요합니다.

상담을 마친 청년이

예전의 저처럼 최근 믿음이 많이 흔들리고 있는 것을 알게 되었습니다.

전능하신 하나님!

과학과 철학 그리고 문학과 휴머니즘으로 인해

큰 고통을 당하고 있는 다음 세대들을 주님께 올려 드립니다.

양육하는 가정들과 교회를 기억해 주십시오.

세상의 공격에 담대하지 못하는 이 시기를 잘 극복해 낼 수 있는

지혜와 용기를 그들에게 주시며,

부모와 교회 지도자들에게 그들의 믿음이 흔들리지 않도록 양육할

지혜와 능력을 허락해 주십시오.

성숙한 믿음의 자녀들이 되게 하옵소서.

창조주요 통치자이신, 위대하신 하나님 앞에

다음 세대에게 복음의 믿음을 굳게 할 수 있도록

겸손히 나아가는 우리 한국 교회가 되게 하옵소서.

우리 주 예수 그리스도의 이름으로 기도합니다. 아멘.

하나님

하나님께서 만드신 우주에는 하나님만의 법칙과 인격 그리고 본성이 흘러 나옵니다. 하나님께서 물질적인 우주를 창조하셨을 때, 그분은 다양한 색, 모양, 크기 그리고 성격으로 창조하신 것입니다. 당신과 저를 포함한 모두는 인간의 눈으로 볼 수 없는 그분의 성품을 품었고 영원한 그분의 능력이 우리에게 고스란히 담겨 있습니다. 그렇습니다. 모두 하나님께서 그분의 능력을 보이시기 위해 만드신 것입니다. 롬 1:20

그러므로 당연히 우주의 모든 규칙을 통해 하나님의 성품을 볼 수 있습니다. 또한 우주의 모든 표준은 그분의 이름의 영광에 근거하여 결정됩니다. 그러므로 하나님 없이 우주는 존재할 수 없습니다. 히 1:3

그러므로 우주에는 하나님의 영광이 드러납니다. 인간의 의무는 그분의 영광을 유지하는 것입니다. 사 28:11 히브리어로 '영광'이란 "카보드(כָּבוֹד)"인데 '무겁다'란 뜻입니다. 바로 하나님의 이름이 차고 넘친다는 뜻입니다. 이것은 하나님을 이해하기 위해서는 우주 안에 차 있는 모든 비밀을 알아가는 데 있다는 뜻입니다.

하나님께서 우주를 창조하시고 참 좋다고 하셨습니다. 창 1:31 하나님에 의해서 창조된 우주는 보이지 않지만 하나님 이름의 영광이 아름답고 복잡하며 경외하게 함으로 나타납니다. 그리고 그분은 인간에게 다스리라고 하셨습니다.

그런데 순종을 잘하던 아담과 하와는 유혹하는 사탄의 말에 처음에는 의심했습니다. "하나님이 참으로 그러시더냐?"라고 물었지만 끝내 선악과를 먹고 하나님의 영광을 박탈했습니다. 죄의 본질은 하나님의 이름이 영광에 이르지 못하게 하기 때문입니다. 롬 3:23

하나님을 인격적으로 만나 새로운 사람이 되면 우리는 보이지 않는 그 하나님의 영광을 드러내게 됩니다. 그 순간 너무 기쁘고 감사해서 누구나 하나님을 구원자로 만났다는 것을 담대하게 드러냅니다. 그러나 믿음이 사라지고 하나님의 이름의 능력과 영광을 찬탈하는 순간, 그 감사함과 담대함은 사라지고 나무 뒤에 숨게 됩니다. 그리고 듣고 싶지 않은 목소리, 하나님의 음성을 하늘로부터 듣게 됩니다.

"아담아, 아담아! 너 어디 있느냐?"

30년 전 소련 선교사로 소련에서 살았었습니다. 그때는 외로움보다 더 큰 저의 적이 있었습니다. '두려움'이었습니다. 공산 국가에서 선교사로 살아간다는 것은 그 자체가 두려움입니다.

도대체 가는 곳마다 장갑차에 총을 든 군인들 밖에 안 보였습니다. 매 순간 담대하고 용감하지 않으면 살아 남을 수 없었습니다. 군인들에게 잡히는 상상을 하는 순간 두려움이 강하게 엄습해 와서 움직이지도 못하게 했습니다. 숨도 쉬기 힘들었습니다. 의지가 사라지고 싸울 동기마저 상실하게 되었습니다. 그 순간에 하나님의 의를 생각하는 것은 사치에 불과했습니다.

소련 군인이 저를 협박하거나 공격하지는 않지만, 소련 땅에 있는 자체로도 충분히 두렵기 때문이었습니다. 믿건 데 우리가 살아가는 삶터에서도 마찬가지라 생각합니다. 가정이나 직장이나 학교에서 충분히 당신을 숨도 쉬지 못하게 하는 두려운 상황은 얼마든지 있습니다. 이런 영적 전쟁에서 우리는 쉽게 복음을 전할 용기를 상실할 수 있습니다.

저는 사춘기 때 열등감이 많은 학생이었습니다. 외모도 학업도 남보다 열등하다고 생각하며 청소년 시절을 보냈습니다. 남들이 모르는 저만의 열등감에 눌려 있었습니다. 특히 박식한 친구들을 만나면 더 눌렸습니다. 논리적 사고와 풍부한 과학과 철학적 지식으로 무장한 친구들 앞에 서면 더없이 작게 느껴졌고 그들 앞에서 고개를 숙이게 되었습니다. 그들은 마치 신지식인 같았고, 과학과 철학에 유난히 약한 저는 그들보다 가치 없어 보였습니다.

지성 앞에서 한없이 열등했던 저는 과학과 철학의 근거로 하나님의 존재를 부정하는 그들 앞에서 고개를 숙였고 믿음이 흔들리기 시작했습니다. 열등감이 지배하니 불신과 의문이 저의 마음을 지배하게 되었습니다. 믿음이 흔들리기 시작합니다. 당연히 교리가 흔들리게 되었습니다. 그리고 긴 영적 방황의 시간을 지냈습니다.

지금도 저와 같이 열등감에 사로 잡혀 영적 방황을 하고 있는 이들이 분명 있을 것입니다. 한국 교회가 다음 세대를 위해 해야 할 일이 바로 여기 있습니다.

한때는 세상이 교회를 따라오려고 했던 그런 시절이 있었습니다. 교회가 주도권을 쥐고 앞장서 나갔습니다. 사회의 선과 악 그리고 정의와 불의의 표준을 교회가 정하고 구분하고 판결했습니다. 기독교가 사회를 향해 영향력을 가지고 있었습니다. 세상이 교회 뒤를 따라왔습니다. 하지만 지금은 교회가 세상을 따라가려고 온 힘을 쓰고 있습니다.

세상의 교만은 탑을 지어 하늘에 닿고자 하기까지 했습니다.^{창 11:4} 하나님의 이름으로 온 누리를 세우셨는데 자신의 영광으로 바꾸려고 했습니다. 인간은 예나 지금이나 창조주보다 피조물을 더 좋아하고 더 무서워합니다.^{롬 1:21-22} 그런데 아이러니한 것은 세상이 무서워서 하나님의 영광을 훔친 자들은 하나님 앞에 죄인처럼 고개를 숙이고 얼굴을 들지 못한다는 것입니다.

온 우주에는 하나님의 거룩함이 있습니다. 하나님은 거룩하시기 때문입니다. 거룩한 하나님께서 우주를 만드시고 영광을 받으셨습니다. 하나님의 생각과 인격이 우주의 표준입니다. 그런데 표준이 깨지게 된 것입니다. 우주의 표준을 잃은 교회를 향하여 세상은 거룩함과 정직, 사랑과 나눔이나 헌신 따위를 점점 더 기대하지 않는 시대가 되었습니다. 교회도 세상과 똑같이 변하고 있습니다. 교회는 영향력을 잃고 담대함을 잃었습니다.

지성을 앞세워 우주의 표준을 들고 밀려오는 현실 속에서 한국 교회가 잃어버린 영향력을 회복하지 못한다면, 우리의 다음 세대가 세상 앞에 담대함을 회복하기 힘들 것입니다.

복음의 담대함을 회복하기 위해서 오늘도 당신의 마음 속에 온 우주를 창조하신 거룩한 하나님의 영광의 이름이 회복되기를 간절히 소망해야 합니다.

요즘 때로는 저 자신이 나태해지는 느낌이 무섭습니다. 세상의 손가락질 앞에 두려워 떨고 있는 저의 모습이 두렵습니다.

형제자매들이여, 그대들은 지성을 대할 때 두렵지요? 어쩌면 초등학교부터 고등학교까지 교육을 받는 12년[*] 동안 배운 과학의 영향으로 신앙을 지키는 것이 쉽지 않았을 지도 모릅니다. 아니, 오히려 삶에 걸림돌이 되지 않기 위해 믿음 생활을 대 놓고 하기 힘들었을 것입니다.

세상은 인공지능 시대를 준비하느라 분주합니다. 흔히 지성이라 말하는 과학, 철학 그리고 인문학 속에 휴머니즘을 강조하며 당신의 주변과 상황을 짓누를 것입니다. 하나님의 영광을 드러내는 일이 우스운 일이며 수치스럽게 만들 것입니다.

다음 세대는 기억해야 합니다. 사탄의 전략이 바로 믿음의 형제자매들을 과학을 통해 하나님을 불신하게 만들고 원망하게 만들어 하나님을 떠나게 하는 것입니다. 그러나 여러분, 인내로 견디고 지혜를 간구하여 거룩과 정결을 지켜 내기 바랍니다. 담대함을 잃지 마십시오. 영적 전쟁에 강한 군사가 되십시오. 사탄의 예상을 깨부숴 사탄을 황당하게 만들어 봅시다. 쓰러지지 말고 싸우는 당신의 용기에 사탄은 매우 당황스러워할 것입니다. 이것이 고비입니다. 고비를 넘기는 것이 승리의 길입니다.

---

[*] 한국은 초등학교 6년, 중학교 3년, 고등학교 3년 과정으로 되어 있고, 미국은 초등학교 5년, 중학교 3년, 고등학교 4년 과정으로 되어 있다.

하늘에 있는 자들과 땅에 있는 자들과 땅 아래에 있는 자들로

모든 무릎을 예수의 이름에 꿇게 하시고

모든 입으로 예수 그리스도를 주라 시인하여

하나님 아버지께 영광을 돌리게 하셨느니라(빌 2:10-11).

(점검할 내용)

Q.1 일상생활 속에서 과학을 통해 하나님의 능력과 영광을 훔쳐 본 경험이 있다면 구체적으로 적어 봅시다.

Q.2 당신이 12년 동안(초등학교부터 고등학교까지) 세뇌 당한 과학은 당신의 믿음과 용기를 어떤 모습으로 상실하게 하는지 생각해 봅시다.

Q.3 하나님의 영광을 회복시켜 드릴 수 있다면 어떤 모습으로 회복시켜 드리는 것입니까?

혼미해진
표준

내 삶의 방식은 옳은 것일까?
내 삶의 주인이 된다는 것은
내 삶의 믿는 믿음의 세계관을 부여하는 것이다.
내 삶의 관점이 그리스도를 향하면 그리스도가 삶의 표준이 된다.
내 삶의 의무가 주워졌다.
내 삶이 그리스도의 눈에 마뜩하도록 살자.

주님, 저 자신을 다음 세대의 영적 담대함을 위해 주님께 드립니다.

주님이 원하시는 방법대로 다음 세대를 양육한다는 것은

저의 인간적인 능력 밖에 있음을 깨닫습니다.

저를 도우실 분은 주님이시며, 그래서 저는 주님이 필요함을 알고 있습니다.

제가 지성과 과학의 거대한 산 앞에 무릎 꿇지 않고

담대함을 지키게 하옵소서.

삶의 표준이 오직 주님만 되게 하소서.

주님의 힘과 인내심도 필요합니다.

우주의 표준이 혼미해진 것을 바로 잡는 데

미움과 분함으로 행하지 않고 사랑으로 사역하게 하옵소서.

주님의 한량없으신 사랑의 분량이 내 속에도 흐르기를 원합니다.

주님의 길을 가르쳐 주시고,

주님의 명령에 순종할 수 있게 하시며,

주님 보시기에 기뻐하시는 방법으로만 다음 세대를 위해

혼미해진 표준을 바로 잡게 하여 주시길 원합니다.

하나님, 우리 삶의 표준이 오직 그리스도에 있게 하여 주십시오.

그래서 하나님을 이해하는 데 혼미하게 놔두지 마시길 간구합니다.

과학에 관련된 모든 그리스도인에게 복을 주사

그들이 우주의 표준을 바로 잡게 하여 주시길 원하며

그들을 한 분 한 분 올려 드립니다.

다음 세대가 올바른 과학을 접하도록 제게 꼭 필요한 대화의 기술과

가르치고 양육하는 은사를 주시옵소서.

그리고 다음 세대의 삶의 표준을 위해

어떻게 기도해야 할지를 가르쳐 주시옵소서.

주님, 주께서 말씀하셨습니다.

"너희가 기도할 때에 무엇이든지 믿고 구하는 것은 다 받으리라(마 21:22)."

저의 믿음을 키워 주시기를 예수님의 이름으로 기도합니다. 아멘.

미국에서 유학생으로 공부할 때였습니다. 영문학 시간에 '과학의 발전과 문명'에 관하여 연구 보고서를 쓰는 숙제가 있었습니다. 그때 저는 인도에서 발견한 아라비아 숫자가 과학 발전에 크게 이바지한 부분을 연구해서 숙제로 제출했습니다. 그때 알게 된 것은 아라비아 사람들의 무역 기술 발달로 그들은 인도의 숫자 기록 방법을 소개하게 되어 세계로 뻗어 나갔다고 하는 것입니다. 아라비아의 힘으로 알려졌기에 인도의 숫자 세는 법은 지금의 '아라비아 숫자'라는 이름으로 세계의 표준이 되었습니다.

중동 이슬람 문화권은 옛날의 무역과 종교의 힘을 다시 회복하려 합니다. 어쩌면 그들은 과거에 자신들이 세계의 표준이 되었던 그 시대를 기억하며 다시 세계의 경제와 종교의 표준이 되려고 애쓰는 중입니다. 엄청난 부의 힘을 가지고 거세게 포교의 문을 열고 있습니다. 그야말로 한때 무슬림의 중흥 시대였던 오스만 제국 시절처럼 한 손에 칼과 코란을 들고 우리의 문 앞까지 몰려 왔습니다.

최근 들어 무슬림의 공격이 심해졌습니다. 막대한 오일 자금을 배경으로 이슬람의 파리 테러, 런던 테러 그리고 IS와 보코하람 등 이슬람들의 테러를 지원하여 테러의 참상이 세계 곳곳에서 일고 있습니다.

그 상황을 보며 만들어진 한 미국의 TV 프로그램이 있습니다. 그 당시 전 세계 시민들은 무슬림에 대한 분노는 폭발 직전이었습니다. 그 TV 프로그램에서 미국 언론이 21세기 가장 영향력 있는 목사님 중 한 분으로 뽑힌 존 맥아더 목사님에게 물었습니다.

"무슬림이 믿는 신이 우리 하나님과 동일한 하나님이신가요?"

그때 목사님은 수백의 사람을 죽이려고 테러를 저지르기 위해 기도한 분이 그 테러를 허락하고 성공시켰다면, 그 신은 당연히 참 신이 아닐 것이라고 답했습니다. 당연합니다. 우리 하나님은 테러를 허락하는 하나님이 아니십니다. 참 신은 온 우주에 오직 하나님 한 분이십니다.

우리의 삶 가운데 어떤 모습으로 테러를 허락하는 신은 참 하나님의 모습이 아닙니다. 그러므로 알라를 신이라 여기는 사람의 말이 표준이 될 수 없는 것은 당연합니다. 꾸란 4장 11절은 남자는 아내 되는 여자를 구타해도 된다고 말합니다. 그러나 주님은 "남편들아 아내를 사랑하라(엡 5:22)."고 가르치십니다. 어느 것이 표준입니까?

아무리 자신의 믿음이 다른 사람의 믿음보다 더 크다고 믿는다고 해서, 10층에서 뛰어내려도 살 수 있을 것이라고 믿는 바보는 없을 것이며, 잘못된 삶으로 이끄는 말씀은 표준이 될 수 없습니다.

○ ● ○

절대 표준을 혼미하게 하는 것

사람들은 '신념'을 위해서 목숨도 버립니다. 과학의 신념은 법칙과 이론에 있습니다. 철학자들에게 지혜를 사랑하는 것이 신념입니다. 이것이 우리 삶을 감싸고 있는 지성의 '우주의 표준'입니다.

그러나 우주의 표준이신 하나님께서 말씀하시길 "하나님께서 너희에게 준 것을 헛되이 쓰지 말라." 또는 "영원히 지속되지 않는 것에 너의 인생을 허무하게 사용하지 말라."고 하셨습니다. 우주를 세상의 표준으로 믿고 철학을 표준으로 믿는 것은 허무한 것입니다.

과학은 기준이 아주 중요합니다. 표준이 정해지지 않으면 과학은 존재하지 않습니다. 과학은 법칙이라는 것을 정했습니다. 과학에서 '법칙'이 표준을 정하는 데 중요한 기준이 됩니다. 과학은 법칙을 만들기 위해 재실험을 할 수 있어야 하고 재관찰이 가능해야 하고 물리학과 수학적으로 그 관찰을 동일하게 설명할 수 있어야 한다고 합니다.

법칙은 확실한 헌법과 같은 것이지만, 이론은 그럴 수도 있고 아닐 수도 있는 가설에 불과합니다. 그러므로 그럴 수도 있고 아닐 수도 있는 이론 과학은 '허상'이 될 수도 있습니다. 그렇다면 인간이 연구함에 있어 상황과 시간의 변화에 따라 바뀌는 이론은 우주의 표준이 될 수 없는 것이 당연할 것입니다.

현실에서 인간의 지식은 같은 현상을 해석하는 데 있어서 어떤 이론과 또 다른 이론이 서로 반대 표준을 제시하게 되는 웃지 못할 순간이 매일 발생합니다.

요즘 세상이 바로 이렇습니다. 마치 자신의 이론이 매일 다른 이론과 부닥치는 것처럼 학문도 정치도 표준이 날마다 바뀌고 윤리도 양심도 자기중심적으로 표준이 바뀝니다. 심지어 기독교의 가치와 표준도 바뀌니다. 요즘 세대의 삶의 표준이 이렇게 혼란스럽습니다.

그래서 예수님이 우리에게 "오직 너희를 위하여 보물을 하늘에 쌓아 두라(마 6:20)."고 권하신 말씀을 기억해야 합니다. 세상의 표준을 따라 살면 세상에 보화를 쌓게 됩니다. 세상의 자산을 늘리기 위함입니다. 그러나 하나님 나라의 표준을 따라 살면 하늘 나라에 자산이 늘어납니다.

교회의 핵심 가치는 하나님 나라입니다. 그러나 세상의 핵심 가치는 과학이요 철학이요 휴머니즘과 같은 세상의 자산입니다. 세상은 참으로 이기적입니다. 자신의 구원을 위해 테러로 사람을 죽이는 일과 동성애를 인정하고 이것을 양심 있는 선한 사람으로 표준을 정합니다.

하지만 세상을 구원하기 위해 자기의 목숨을 버리고 온 세상을 구원한 사람을 양심 있는 행동이라고 인정하지 않습니다. 세상 삶의 표준에서 벗어난 것입니다. 무언가 우주의 표준에 혼선이 왔습니다. 종교의 표준도 혼미해지고 있습니다.

교회가 혼미한 표준 속에서 표류하는 동안 다음 세대들의 신앙은 흔들렸고, 세상의 과학이라는 표준 앞에 용기를 잃었습니다. 그리고 이제 세상과 교회의 표준을 구별할 수 없기에 교회를 이탈하기에 이르렀습니다. 이제 교회가 도전 받고 복음의 표준을 회복해야 합니다. 신앙생활은 '복음과 상황'이 아니라 '복음과 진리' 안에 답이 있다는 것입니다. 삶의 표준은 그리스도입니다.

복스러운 소망과 우리의 크신 하나님

구주 예수 그리스도의 영광이 나타나심을

기다리게 하셨으니(딛 2:13)

(점검할 내용)

Q.1 과학으로 인해 혼미해진 내 삶의 표준이 있다면 어떤 것인지 생각해 봅시다.

Q.2 우리의 진정한 삶의 법칙과 표준을 정하는 기준은 무엇입니까? 왜 그 것이 유일한 우주의 표준이 되는지 묵상해 봅시다.

이 시대의 청년으로
산다는 것은

이 시대의 청년들이 무기력하게 보이는 이유는
현 교회와 사회에 대한
청년 세대의 심각한 불만에서 비롯되었다.
세상의 과학과 철학은 불만과 불신을 가지고 있는
청년들에게 미래의 답을 제시할 수 있다고 믿고 있다.

어제나 오늘이나 사랑으로 다음 세3대 청년들을 바라보시는 하나님.

전날의 부끄러움을 씻지 못한 채

예배당에 나와 예배를 드렸던 저의 모습을 생각하며,

긍휼한 마음으로 청년들을 위해 기도합니다.

사회에 첫발을 디딘 청년들이 지성의 유혹으로부터 이기게 하여 주옵소서.

옳고 그름이 불분명해진 지금 이 세대를 향해 주님의 말씀 명령에 의존하여

다니엘과 같은 담대함으로 주님의 뜻을 선포하게 하소서.

하나님의 존재를 선포하는 마음을 어리숙하다 말하고 어리석다 말하는

모든 이에게

주님의 보혈을 선포하는 청년들 되게 하시오며,

때에 따라 손가락질을 참아야 함에도,

자신을 버려야만 할 때에도,

세상의 조롱에 흔들리지 아니하고 먼저 이웃을 사랑하고 베풀 수 있는

다음 세대 청년들이 되게 인도하여 주시옵소서.

우리의 상황이 녹록하지 못해 힘겹고 지칠 때에도,

주님의 주님 되심을 찬양하고 경배하게 하시옵고

사도 바울과 같은 청년의 삶을 기대하며 도전을 주옵소서.

지성의 거센 공격 앞에서도 청년들이 담대하게 하시며

청년들이 하나님 나라의 삶을 준비하며 살게 해 주옵소서.

지성을 얻기 위해

이생의 삶을 위해 모든 것 바치는 허무한 인생 살지 않도록

청년 시기에 신앙의 좋은 습관을 들이도록

성령님께서 함께해 주시기를 기도합니다.

신실하신 주 예수 그리스도의 이름으로 기도합니다. 아멘.

하나님

나라에 가면 베짱이처럼 찬양만 하고 평온한 호숫가를 거닐며 예수님과 함께 평화롭게 빙수나 먹으며 영원히 사는 곳으로 생각하고 계실지 모르겠습니다. 우리는 혼미해진 표준 때문에 부정확한 믿음 생활을 하게 되곤 합니다. 그래서 이 땅에서의 삶이 하나님 나라에서의 거룩과 경건한 예배자의 삶을 준비하며 살아야 하는 중요한 동기를 잊게 합니다.

저는 요즘 옷에 적응이 잘 안됩니다. 익숙하지 않습니다. 꽉 맞는 유행보다 제가 청년 때 유행했던 헐렁한 옷이 더 익숙해서 편합니다. 청년 때부터 눈과 감각에 익숙해진 습관은 무섭습니다.

청년으로 산다는 것은 좋은 것입니다. 청년 때 길들은 습관은 마치 군사 훈련을 받은 것과 같아 변하기 힘듭니다. 그래서 청년 시기는 사상을 정립함에 있어 적합한 시기이고 중요한 시기입니다. 나이 들어서 할 수 있는 일이 많아 좋긴 하지만 모두 대가를 치릅니다. 그래서 요즘 드는 생각은 너무 빨리 지나버린 청년 시기를 더 많이 준비하지 못한 것 같아 많이 아쉽습니다.

지성의 도전을 마주하는 첫 시간

청년 시기는 꿈도 많고 자신감도 많습니다. 그 청년 시기 때 모든 삶 속에서 하나님의 임재하심을 모르고 이끄심 없이 살게 되면 불안과 근심이라는 적에 발목을 잡혀 엉뚱한 곳에서 의지할 곳을 찾게 됩니다. 그때 마침 세상의 모든 해답을 가지고 있을 것 같은 과학을 접하게 되면 바로 하나님의 존재와 능력에 의심을 가지게 됩니다.

그렇습니다. 많은 청년이 사회에 진출하면서 사탄에 노출됩니다. 사탄은 먼저 늘 지치고 고난의 시간을 걷게 합니다. 그때 인생의 지침에서 기쁨을 과학이 찾게 해 줍니다. 늘 깨어 있지 않으면 대강대강 살고 주일 성수 안 하고, 온라인으로 추리닝 입고 하품하며 머리 긁으면서 유투브로 설교 좀 듣고 마는 미지근한 신앙생활을 하게 되고, 그러면 십중팔구 신앙을 잃게 됩니다. 천국의 삶도 배짱이처럼 보낼 수 있으리라고 착각하는 것부터 벗어나야 합니다.

이런 모습은 하늘 백성의 모습이 아닙니다. 가장 부끄럽고 용기 없는 신앙인의 모습입니다. 청년 시기는 부끄럽지 않는 삶을 살기 위해 용기 있는 신앙인의 모습을 준비하는 시기입니다.

고등학교를 졸업하면 제일 먼저 지성을 대합니다. 그리고 청년들 상당수가 지성 앞에 고개를 숙이고 믿음을 저버리게 됩니다. 지성은 당연히 나쁜 것이 아닙니다. 그러나 그로 인해 표준이 혼미해진 당신에게 지성은 믿음을 지키는 데 방해가 될 수 있습니다.

세상의 매스컴과 선배들이 하나님은 없다고 말하고, 성경은 허구라고 말하고, 동성애는 인류애의 표상이라고 말하며, 기독교는 독선적이고, 과학적 근거 없는 기적을 믿는다는 허상이라는 말을 듣지만 그 말 속에 허상이 있음을 곧 알게 될 것입니다.

그 지성에 둘러싸인 당신은 당신이 속한 공동체에서 사멸되거나 외톨이가 되거나 거센 공격을 받아 마치 죄인 취급을 받게 될 것입니다. 이로 인해 명예와 관계 그리고 삶의 터전을 잃게 되지나 않을까 두려워 세상 앞에 고개를 숙이게 됩니다. 세상에 산다는 것이 쉽지 않습니다.

어느 믿음 좋았던 청년이 있었습니다. 그 청년은 독실한 그리스도인 가정에서 태어나 고등학교 1학년 때까지 선교사의 비전을 가졌습니다. 성경 말씀을 굳게 잡고 살았으며 방언 기도까지 하던 그 청년이 대학에 들어가 과학도가 되었습니다. 과학을 접하면서 무신론을 믿는 교수와 선배들의 영향을 받아 결국 그 청년은 믿음을 잃었습니다. 하나님의 존재를 부정하기에 이릅니다.

당신의 삶의 표준이 이론과 법칙이 되지 말라는 법이 없습니다. 너무도 자연스럽게 과학이 삶의 표준이라고 말하는 것을 믿게 됩니다. 이런 지성의 공격 앞에서 당신은 삶의 표준이 성경이 아닐 수도 있겠구나 하는 생각이 들 수 있습니다. 그래서 당신도 비로소 진리에 눈을 떴다고 착각하게 될 것입니다. 청년으로 산다는 것은 이렇게 큰 영적인 도전의 시간인 것입니다.

○ ● ○

신앙 도전의 시간

제가 청년 부흥회나 코스타와 같은 청년 집회에 가면 청년들에게 가끔 제 안하는 것이 있습니다. 자신이 청년 바울이 되었다고 생각하고 바울처럼 살아 보자는 것입니다. 청년 바울도 철학에 눈을 떠서 하나님의 존재를 부정하고 그리스도를 따르는 백성을 핍박하고 죽이던 사람이었습니다. 그는 진리가 하나님이 아니라고 믿었습니다. 그러나 그는 하나님의 존재 와 능력을 체험하고 그분의 발 앞에 무릎을 꿇었습니다.

청년이라는 시간은 배움의 시간입니다. 도전의 시간입니다. 지성의 공 격으로부터 승리하기 위해 도전이 필요합니다. 하나님께 대해서는 나를 내려 놓고 세상을 향해서는 싸워야 합니다. 하나님의 능력을 체험하기 위 해 삶의 방향이 바뀐 바울처럼 모든 청년도 살아 볼 수 있는 좋은 도전의 시간입니다.

바울처럼 삶터를 주님께 바쳐도 보고, 개척도 해 보고, 섬기는 교회 성 도들에게 신앙 고백도 나눠 볼 수 있는 멋진 시간이 청년이라는 시간입니 다. 신앙이 흔들리고 지성에 고개 숙이는 삶은 인생 도전의 시작에 불과 합니다. 인생의 마지막은 사도 바울처럼 사는 것입니다. 청년으로 산다는 것은 그런 의미에서 분명 특권을 가지고 있습니다.

저는 선교지에서 돌아와 미국에서 유학 생활을 시작했습니다. 당시 미 국 생활 적응이 쉽지 않아 힘들었습니다. 선교사로 소련에서 죽음의 고비를 넘기며 하나님께 삶을 바쳤으니 미국에서의 삶은 걱정도 없고 고민도 없고 고난도 없이 꽃 길만 있을 줄 알았습니다. 그러나 현실은 정반대였습니다.

진정한 그리스도인이 되면 이제 고생 끝이라고 착각해서였을까요? 유학 생활은 너무도 힘들었습니다. 제가 기대하고 바라는 반대로만 일이 풀렸습니다. 우울증이 찾아왔고 아주 고생했습니다. 유학을 포기하려고 했습니다.

그 무렵 코스타에서 '벌어서 남 주자'라는 김동호 목사님의 설교를 들었습니다. 순간 "왜?"라는 질문을 했습니다. 당시 힘든 선교지 생활을 하고 돌아와서 경제적으로 몰려 있는 상황이었기 때문에 영적인 메시지는 귀에 들어 오지 않고 그 말씀은 돈과 관련된 메시지로만 들렸습니다.

그래서 제게 그 말씀은 제법 큰 도전이었습니다. 그래서 저는 그 말씀의 도전처럼 삶의 전부를 주님께 결단하고 드리고 싶지 않았습니다. 삶의 유익을 원했기 때문이었습니다.

천상병 시인의 "나의 가난은"에서 "가난은 내 직업이지만"이라는 말씀이 생각납니다. 경제적으로 힘든 삶을 사는 모든 청년에게 "벌어서 복음 위해 남 주자."라는 도전은 적용하기 힘든 일일 것입니다. 그러나 청년 가운데에도 소소한 행복을 담은 순간이 귀한 시간이란 것을 깨닫는 멋진 신앙의 친구들 또한 많이 있는 것을 압니다.

"벌어서 남 주자."라는 말씀을 며칠 되새기고 있던 저는 무릎을 쳤습니다. 돈을 벌어서 남에게 주기 위해서는 꽤 큰 용기와 결단이 필요합니다. 자신에게 생명과 같은 귀한 것을 나눠줘야 한다는 것은 정말 사랑하고 결단해야만 할 수 있는 일입니다. 그래서 제게 고통이 더 무거웠다는 것을 알게 되었습니다. 저의 고통은 나에게 가장 귀한 복음을 나눠줄 용기가 상실해 가고 있고 담대하지 않음에서 오고 있다는 것을 깨달았기 때문입니다. 복음을 위해 살아야 할 이유를 모르면 모든 삶의 의미는 없는 것입니다. 우리가 사는 이유가 복음을 위해 사는 것인데 저는 지성 앞에서 복음에 열등감을 가지고 살고 있었으니 모든 삶이 고통이었던 것이 당연했던 것입니다.

복음을 위해 살려고 결단한 후의 삶은 늘 넉넉했습니다. 늘 부족하고 없는 가운데에서도 하나님 나라를 위해 헌금하고 복음을 위해 사는 삶이 가능했습니다. 극히 당연한 신앙인의 의무였기 때문입니다. 삶의 어떤 부분을 바치는 훈련이 아니라 삶의 일부를 배우는 귀한 시간이 청년의 때라는 확신이 든 것입니다.

청년 때 훈련이 안 된 사람은 나중에 무엇을 해도 두렵고 힘들어 합니다. 불가능하다는 것은 물론 아닙니다. 나중에 그리스도인의 삶을 배우는데 지금보다 더 힘들고 그만큼 따라오는 희생이 많아진다는 것입니다. 그런 차원에서 청년 때에 복음을 위해 훈련할 기회를 얻는 것이 얼마나 복된 일입니까?

세상 것을 세상의 배설물로 여기고 복음을 위해 용감한 삶을 사는 청년들은 복을 받을 것입니다. 그런데 청년 시기는 지성을 사모하게 되고 많은 영향을 받는 시기라는 것이 문제입니다. 그래서 지성의 도전을 받는 청년은 세상에서 인정받는 지성인이 되고자 최선을 다해 삽니다. 시간과 노력을 지성을 얻기 위해 사용합니다. 그러나 여러분, 하나님께서 주신 시간이 그리 길지 않습니다. 인생은 금새 지나갑니다. 세상에서 얻은 것은 한 개도 가져갈 수 없습니다.

그러나 하나님 나라에서 살 시간은 영원합니다. 영원한 하나님 나라에서 살 준비를 해야 합니다. 청년 때 바로 그 시간을 준비하는 것입니다. 지성을 위해 청춘을 바치고 나면 여러분에게 남는 것은 이생의 짧고 헛된 세상의 삶뿐입니다.[사 40:8]

복음에 동참한다는 것은 복음을 전하기 위해 영향력을 끼칠 수 있어야 한다는 뜻입니다. 기독교인이 되어서 세상과 이웃에 전혀 영향력 없는 삶을 산다면 그것은 예수님을 믿는다는 것을 빙자해 사기를 치며 사는 삶과 같습니다.

우리가 영향력을 끼치려는 이유는 복음을 위해서입니다. 세상이 정결하지 않지만 그리스도인이 그 더러운 곳에서 정결하다면 복음을 위한 영향력을 끼치는 일이 될 것이며 담대한 일일 것입니다.

세상이 하나님은 없다고 하면 하나님이 계심을 증거하는 일은 담대한 일입니다. 세상 앞에 죄를 죄라 말할 수 있는 것은 복음을 위한 대단한 용기입니다. 확실한 복음의 관점에서 세상 이야기를 했지만 교회 안에서 오해로 구설수에 올라도 굴하지 않고 복음을 이야기할 수 있는 것이 용기입니다.

그 당연한 그 큰 일을 연습하다 보면 청년 때 희생과 고난 그리고 인내가 필요할 것입니다. 그런데 형제자매여, 이 일로 인해서 받게 될 복은 영원할 것입니다. 복음에 담대함이 진리를 위한다고 하여 분노하고 욕하고 미워하는 실수는 범하지 말아야 합니다. 이것은 사탄의 전략에 넘어간 잘못된 담대함입니다. 복음에 담대함은 나의 관점에서 다른 자나 틀린 자나 쓰러진 자를 인내함으로 품어 그리스도의 진리를 전하는 것입니다. 이 훈련이 청년 때 이뤄지길 바랍니다. 청년으로 산다는 것은 지성에 고개 숙이지 않고 담대함을 훈련하는 축복의 시간입니다.

너는 청년의 때에 너의 창조주를 기억하라

곧 곤고한 날이 이르기 전에,

나는 아무 낙이 없다고 할 해들이 가깝기 전에(전 12:1)

(**점검할 내용**)

Q.1 지성의 도전에 마주했던 첫 기간을 기억해 봅시다. 그리고 당신의 믿음을 방해했던 과학의 공격을 기억에서 꺼내 봅시다. 과학은 성경에서 나오는 기적에 관해 어떻게 말했습니까?

Q.2 당신은 세상의 성공을 위해 지성을 얻으려고 최선을 다하는 삶을 살고 있지 않습니까? 오늘 당신의 삶 가운데 지성을 얻기 위해 살고 있는 부분은 없는지 점검해 봅시다.

고물 심장,
고장 난 심장

심장의 기능 부전으로 인해
전기적 문제로 심장이 멈추는 병을 심정지라고 한다.
심장 마비는 혈류가 막혀
순환 문제로 심장이 멈추는 병이라고 한다.
당신의 영적 심장에
혈액과 같은 성령님이 공급되지 않으면 심장 마비가 온다.
그리고 당신의 심장에
그리스도의 능력이 전달되지 못하면 심정지가 온다.

저의 심장을 뛰게 하시는 주님!

단순한 펌프 기능을 가진, 어른 주먹보다 약간 큰 이 심장은
잠시도 쉬지 않고 생명을 다하도록 뛰게 만드는 엔진입니다.

이 엔진을 작동하게 하는 것도 주님이시고,
이 엔진을 멈추게 하는 것도 주님이십니다.

왼쪽 가슴 밑, 작은 심장에 생명이 담겨 있습니다.

기쁘면 심장이 기쁘다고 뛰고, 놀라면 심장이 놀랐다고 뛰고,
슬프면 심장이 슬퍼서 웁니다.

그런 심장에 주님이 새겨져 있는지, 그런 심장에 이 땅이 새겨져 있는지,
그런 심장에 다음 세대가 새겨져 있는지,

오늘도 한 조각 마음을 부여잡고 가슴을 치며
목양실에서 무릎 꿇습니다.

주님, 제 가슴이 주님 때문에 뛰게 해 주십시오.
주님, 다음 세대의 가슴마다 주님으로 인해 벅차게 해 주십시오.

다음 세대의 심장이 주님으로 인해 뛸 수만 있다면,
제 심장이 살아 뛰다 멈추는 그날까지 달려가겠습니다.

나의 호흡이요 심장이신 예수 그리스도의 이름으로 기도합니다.
아멘.

제 딸은 아내보다 키가 크고 저만한 키와 큰 덩치를 가진 고등
학생입니다. 그런 딸이 칠삭둥이라면 믿으시겠습니까?
인큐베이터에서 눈도 가리고 기계를 치렁치렁 달고 쓸쓸히 홀로 8주 치
료를 받았습니다. 그 광경을 바라보는 아내와 저는 매일 마음이 무너져
내렸습니다. 심장이 잘 뛰지 않고 황달이 자주 온다는 의사 소견 때문에
몹시 걱정되고 어찌해야 할지 몰랐습니다. 그저 둘이 간절히 손을 붙잡고
기도할 뿐이었습니다. 그렇게 우리를 걱정시켰던 아주 왜소한 체구에 갖
가지 병을 가지고 태어난 딸이 4살 되었을 때의 일입니다.

제가 담임목사로 사역을 나오기 전, 마지막으로 부교역자로 섬기던 뉴
욕 센트럴교회 담임목사님을 저희 딸은 할아버지라고 불렀습니다. 그분
은 제게 담임목사님이시기 전에 목회와 인품을 가르쳐 주신 아버지 같은
분이셨습니다. 그 마음을 아이들도 동일하게 느낀 것인지 목사님으로 부
르지 않고 할아버지라 불렀던 것입니다.

그 김 목사님의 생신날이었습니다. 딸이 할아버지 생일 선물로 직접
인형을 만들어 드리겠다며 겉모양부터 속의 재질까지 하나하나 선택해
자기만의 인형을 만들었습니다. 인형에 내용물을 모두 넣고 겉을 꿰매기
전, 딸 아이는 아주 특별한 선물까지 함께 넣어 드렸습니다.

그 안에 심장 모양을 한 '헝겊 심장'을 넣어 드린 것입니다. 이 심장 안
에 녹음기가 들어 있습니다. 심장을 손으로 누르면 심장 박동 소리가 나
고 메시지를 녹음도 할 수 있는 아주 신기(?)한 심장이었습니다. 인형에

생명을 불어넣었다고 할까요? 세상에 오직 하나뿐인 인형을 만들어 생명(?)을 불어 놓고 선물한 것입니다. 딸은 심장에 "할아버지, 건강하세요. 생신 축하 드려요. 할아버지, 사랑해요!"라고 녹음해서 드렸습니다. 그때 똑같은 심장을 넣은 인형을 두 개 만들었는데, 하나는 목사님께, 다른 하나는 저희에게 주었습니다.

어느 날, 집안을 정리하다 한동안 잊고 있던 그 인형을 발견하고 반가운 마음에 심장을 눌러 보았습니다. "쿵쿵!" 하고 처음엔 작동하더니 시간이 지나면서 심장 소리가 점점 느려지며 녹음 소리도 잘 들리지 않고 느릿느릿해지는 것이 아닙니까! 결국, 심장에 있는 전지가 생명을 다한 듯 고장이 나 멈춰 버렸습니다. 심정지가 온 것입니다. 심장이 죽으니 소리도 멈췄습니다.

요즘 코로나19(COVID-19)에 감염된 사람들을 보면 바이러스가 호흡 기관에 급속도로 문제를 일으켜 제대로 작동할 수 없도록 망가뜨리는 것을 볼 수 있습니다. 숨을 쉴 수 없고 갑자기 심정지로 인해 숨을 거둡니다. 결국 심장까지 예상하지 못하게 만드는 불확실한 질병으로 인해 세상이 모두 혼란스러워진 것이었습니다.

과학이 아무리 발달하고 인간이 아무리 발버둥쳐도 심장을 계속 뛰게 하는 것은 역부족입니다. 인간의 과학적 상식으로 이번 바이러스를 쉽게 잡을 수 있으리라 생각했지만 특이하게도 코로나 바이러스는 백신을 개발하기도 힘들다는 결론이 내려지고 있다고 합니다. 앞으로 어떤 더 강력한 바이러스가 나올지 아무도 모릅니다.

그런데, 이토록 인간이 자신의 심장 하나도 제 마음대로 할 수 없는,

그 심장을 멈추고 뛰게 하는 호흡을 불어넣으신 분은 누구일까요? 흙이었던 심장에 생기를 불어넣어 마음껏 힘차게 뛰도록 하신 분은 누구일까요? 성경은 우리에게 명확하게 말합니다. 바로 우리를 창조하신 하나님입니다. 우리에게는 호흡이 멈추는 날이 생명이 다하는 날입니다. 그러므로 우리는 그 심장을 누구에게 맡겨야 하는지 분명히 알 수 있습니다.

언젠가 "신은 죽지 않았다(God's Not Dead)"라는 제목의 책과 영화가 미국에서 화제였습니다.* 그 내용은 대략 이렇습니다.

어느 아이가 암에 걸린 엄마를 고쳐 달라고 간절히 기도했지만, 엄마는 돌아가시고 맙니다. 그 아이는 하나님이 자신의 기도를 무시했다고 생각하며 하나님을 원망하게 됩니다. 그 결과 그는 성장해 무신론자가 됩니다. 그 후 그는 아이비리그(Ivy League)에서 영향력 있는 대표적 무신론 철학자가 됩니다.

철학과 교수가 된 래디슨(Radisson) 박사는 매년 철학 과목 첫 시간에 들어와 인사하자마자 바로 칠판에 '하나님이 존재하지 않는 이유 3가지'를 쓰라고 학생들에게 퀴즈를 냅니다. 영문도 모르는 학생들은 어리둥절해하며, 괴팍하고 매너 없는 수업 진행에 불평과 불만을 쏟아냅니다. 하지만 교수의 지시이기에 모두 웅성거리며 답을 적기 시작합니다. 그런데 신입생 조시(Josh)는 불이익을 받을 것을 알면서도 이에 상관하지 않고 아무 답도 쓰지 않았고 답안지를 제출하지도 않습니다. "하나님이 존재하시는데 거짓으로 안 계시다."라고 답을 쓸 수 없었기 때문입니다.

★ 한국에서는 2015년 4월에 영화가 개봉되었고, 책은 2016년에 횃서북스를 통해 출간되었다.

조시는 학기 내내 교수와 학생들의 조롱에 굴하지 않고 핍박을 이겨내며 소신껏 믿음을 간직합니다. 때로는 맹렬하게 토론도 벌였습니다. 왕따도 당하지만 수많은 지성(?)과 싸워 나갑니다. 그러는 가운데 조시는 교수가 어린 시절에서 비롯한 상실감으로 분노하며 하나님을 불신했고 무신론자가 되었다는 사실을 알게 되었습니다. 그런 모습을 보며 조시는 그 교수의 심장이 살아 있으나 멈추어져 있음을 알게 됩니다.

결국, 조시는 죽어 있던 교수의 심장에 그리스도의 생기를 불어 하나님이 살아 계심을 전하게 됩니다. 조시는 그동안 학생들과 교수 앞에서 많은 고통과 수치를 당했으나 분노하지 않고 인내함으로 하나님이 살아 계심을 증명하기에 이릅니다.

그는 하나님은 죽었다고 말하는 수많은 철학과 과학의 논리 앞에, 겸손이 무엇인지, 담대함이 무엇인지 재대로 보여 주었습니다. 그는 예수 그리스도의 사랑과 인내함으로 담대히 싸워 교수와 학생들에게 복음을 전한 것입니다. 조시의 간증은 지성의 공격에 복음의 담대함을 잃어가며 고민하는 연약한 기독교인들에게 도전이 되는 강력한 메시지를 던져 주었습니다.

수많은 기독교인이 처음에는 건강한 심장을 가지고 신앙생활을 시작하지만, 지성의 강력한 공격 속에 심장은 살아 있는 것처럼 보이지만 진짜 심장이 고장 난 채로 하나님과 멀어지고 있습니다. 하나님을 이해할 수 없는 상황이 펼쳐지면 이내 힘을 잃고 신앙을 버리는 일이 우리 주변에서 계속 일어납니다.

하나님께서 불어넣어 주신 생기로 호흡하며 과학을 시작했지만, 마치

고물 된 심장을 가진 자의 모습같이 교회를 떠나는 수많은 기독교인 과학자와 철학자가 있습니다. 아니 그들이 더 강력하게 하나님의 존재를 부정하는 장본인이 되고 있는 셈입니다. 그들의 영향을 받은 청소년과 청년들이 하나님으로부터 멀어지고 있는 지금, 우리는 세상의 지성으로부터 도전 받는 믿음의 싸움을 준비하고 있는지 점검해 봐야 합니다.

그것을 준비하지 않는다면, 교회는 세상 속에서 영향력을 잃고 교회의 노력이 이제 더는 의미가 없어지는 자리까지 이를지도 모릅니다. 이 선한 싸움을 위해 우리는 기도하며 더욱 견고하게 다음 세대들에게 진정한 심장의 살아 움직이는 역사가 무엇인지 전해야 할 필요가 있습니다.

사랑하는 여러분, 사랑하는 젊은이들이여!

여러분의 심장은 아직도 지성이라는 팥죽 한 그릇에 신앙을 팔아 넘기고 있지 않습니까? 세속적인 가치관에 생명을 맡기고, 그곳이 자신의 심장을 뛰게 할 대안이라며 그곳에 마음을 두고 살고 있지는 않습니까? 하나님을 부정하는 세상 속에서 영원히 호흡할 심장을 가질 수 있다고 착각한다면, 우리의 심장은 살아 있는 듯 보이나 실은 고장 나 멈춰버린 심장임을 기억해야 합니다.

오직 하나님의 호흡만이 우리를 살리며,

우리의 심장을 뛰게 합니다.

그분의 생기가 우리의 심장을 새롭게 빚으실 것입니다.

그런즉 누구든지 그리스도 안에 있으면

새로운 피조물이라

이전 것은 지나갔으니

보라 새 것이 되었도다(고후 5:17).

(점검할 내용)

Q.1 세상 사람들과 살아가며 '하나님의 존재'에 대해 부정 당하는 경우, 어떤 과학적 혹은 이성적 접근 때문에 충돌했었는지 구체적으로 적어 봅시다.

Q.2 그런 상황에서, 내가 주춤거렸던 가장 큰 이유는 무엇입니까?

Q.3 세상의 지성을 넘어서는 지성적인 기독교인이 되기 위해 얼마나 많은 시간을 할애하고 있는지 점검해 봅시다.

진짜 그리스도인
vs. 가짜 그리스도인

가짜를 만나면 품격이 낮아지고
진짜를 만나면 품격이 높아진다.
비슷하긴 하지만, 정교한 모조품이지만,
진짜보다 더 진짜 같아 보이지만
가짜는 품격을 낮추고 진짜는 가치를 높인다.

주께서는 연약한 사람의 힘이시며, 고통 받는 사람의 위로가 되십니다.

전 세계를 뒤덮고 있는 지성의 위험으로부터 당신의 자녀들을 건져 주옵소서.

고통 받는 이들이 고난 가운데서도 인내하게 하시고,

주님의 길과 주님의 구원을 깨달아 알게 하옵소서.

가짜와 진짜를 구별할 수 있는 분별력과 통찰력을 주시길 기도합니다.

주님, 내 안에 하나님의 호흡이 머물러 계심을 믿습니다.

그리고 내가 주님과 함께 호흡할 수 있도록 해 주심에 감사 드립니다.

호흡이 나와 항상 함께하심과 같이

성령님, 우리와 항상 함께하시길 간구합니다.

한순간도 아버지의 호흡이 멈추지 않도록 해 주사

가짜로부터 보호해 주시기 바랍니다.

그와 같이 다음 세대 기독 청년들의 가슴 속에도

주님과 항상 호흡할 수 있도록

진짜 심장을 넣어 주시기를 바랍니다.

호흡이 그칠 수 없고, 중단될 수 없듯이

내 심장이 그리고 다음 세대들의 심장이

늘 성령의 임재로 뛰어

하나님의 형상 닮게 해 주시길 소망합니다.

주님, 마지막으로 다시 한번 간구 드립니다.

내가 나의 삶에서

진짜 같은 가짜 그리스도인의 모습이 아니라

참 그리스도인의 모습으로

하나님 나라 확장을 위해 살게 하여 주옵소서.

진짜 구세주이신 예수 그리스도의 이름으로 기도합니다. 아멘.

달콤한 말, 당신은 하나님의 형상

청년 여러분, 세상은 당신 생각처럼 그리스도인을 향한 인내심이 없습니다. 배려심도 없습니다. 그들은 당신이 하나님과 나누는 교제를 인정해 주지도 않고, 당신의 사랑 나눔을 기다려 주지도 않습니다. 그래서 하나님 나라에 속한 당신이 세상에서 사는 것이 쉽지 않습니다.

당신이 알고 있는 것처럼 우리는 하나님 나라를 섬기면서 돈과 세상을 함께 섬길 수 없습니다. 당신이 하나님과 사람으로부터 동시에 인정 받기를 구할 수 없다는 것입니다. 그래서 당신이 만약 사람을 기쁘게 하는 것을 구하면 그리스도의 종이 아니라고까지 사도 바울은 강력하게 권면합니다.^{갈 1:10}

당신과 우리는 하나님 나라의 영광을 위해 창조되었습니다. 또한 하나님의 영광을 반영하도록 창조되었습니다. 아담의 죄는 근본적으로 선과 악을 결정하는 하나님의 위치를 박탈해 버림에 있습니다.

우리도 마찬가지입니다. 우리는 하나님께서 그분의 형상으로 우리를 창조하심을 이해함에 있어 우리가 하나님과 같은 지성을 가지고 있기 때문에 우리 스스로 결정해도 된다고 여겼습니다. 우리가 우리 스스로의 등을 토닥토닥해 주며 잘했다고 당연한 일을 하듯 여기고 지나갑니다. 토닥토닥해 주면 기분이 좋겠지요? 그렇습니다. 하지만 이것은 우리의 죄가 나쁜 일을 한 것을 논하기 이전에 우리 자신을 높게 생각하고 율법을 스스로 만들어 하나님 나라의 율법을 무시한 행동입니다.

당신이 하나님의 형상으로 창조되었다는 말은 하나님은 당신이 죄를 짓는 것에 동의한다는 말이 결코 아닙니다. 또는 하나님이 인간과 동급이라는 뜻도 결코 아닙니다. 이는 하나님이 우리를 얼마나 사랑하시는지 그분의 인격을 이해할 수 있도록 창조하셨다는 뜻입니다. 하나님처럼 생각하고 죄를 지어도 된다는 생각에 속지 마십시오. 이것은 진짜 같은 가짜 그리스도인을 만드는 사탄의 전략입니다.

○●○

교회를 세상과 동일한 곳으로 만드는 지성의 치밀한 전략

과학과 철학은 인간의 필요에 의해서 하나님을 만들었다고 말합니다. 그래서 교회는 성경의 말씀이 허구요 허상이라고 말합니다. 교회가 더 이상 '만민의 기도하는 집'이 아닙니다. 단지 사람들이 모이는 모임 장소인 것입니다.

지성은 교회가 세상과 동일한 곳으로 동행하길 바랍니다. 세상은 교회가 더 이상 거룩하고 정결과 순결한 곳이 아니기를 원합니다. 그곳이 세상과 같이 더럽고 추한 곳이 되기를 원합니다. 타락하기를 원합니다.

지성은 과학과 철학을 동원하여 교회가 인간의 욕망으로 가득하고 미움, 시기 그리고 질투가 싹트기를 원합니다. 권모술수가 난무하고 가식적인 곳이 되기를 원합니다. 그러기 위해서는 진리가 무엇인지 구별될 수 없도록 표준을 혼미하게 만들려고 합니다. 이렇게 세상은 당신이 '진짜 같은 가짜'가 되기를 원합니다. 과학과 철학, 지성은 이것을 증명하는 데 가장 유용한 도구로 쓰이고 있습니다.

○●○

가짜 그리스도인 만드는 지성의 치밀한 전략

세상은 당신이 넘어지도록 지성을 앞에 세워 치밀한 작전을 세우고 전쟁을 걸어옵니다. 이런 세상 앞에 당신은 속수무책인 상황입니다. 세상은 물론 지성이라는 무기뿐만 아니라 당신의 수많은 약점을 파고들어 그것으로 인해 무너지게 만들 것입니다.

　참 그리스도인은 복음에 담대한 자입니다. 그러나 세상은 당신의 담대함이 사라지기를 원합니다. 당신이 복음에 담대하지 않을 때는 당신과 우리의 정결하지 못한 모습이 드러나기 때문입니다.

　그런데 삶의 환경은 당신이 스스로 정화하도록 가만 놔두지 않습니다. 그들은 당신이 참 그리스도인인 척만 하는 그리스도인이 되도록 유혹할 것입니다. 당신의 주변이 지성에 물들어 강한 믿음을 가진 당신이 쉽게 영향력을 잃게 하는 전략을 사용합니다. 당신이 은혜를 나눌 사람이 없게 만들고, 복음을 들을 사람이 없어 보이게 만들어 지성이 얼마나 강한지 스스로 느끼게 하여 당신이 실망하게 만들 것입니다. 시간이 지나면 믿음이 연약한 자들은 지성의 말에 귀를 기울이게 될 것이며, 지성이 당신의 생각을 지배할 것입니다.

지성이 당신을 지배할 때 하나님을 이해 못하게 되고, 하나님을 불신하게 될 것입니다. 높은 산과 같은 거대한 지성과 문화 앞에서 참 그리스도인이 된다는 것은 쉽지 않습니다. 문제는 교회에 참 그리스도인보다 지성에 영향을 받은 가짜 종교인이 점점 늘고 있다는 것입니다.

○●○

진짜 같은 가짜 그리스도인

코로나19로 인해 하늘 문이 닫히기 전에 미국 예수전도단에서 운영하는 제자훈련학교(Youth With A Mission Disciple School)에서 강사로 섬기고 왔습니다. 그 제자훈련(D.T.S)에 오는 사람들 대부분은 자신의 신앙이 깊다고 생각합니다. 그런데 그분들 사이에도 가끔 자신이 참 그리스도인으로 착각하는 가식적인 종교인이 입소했다가 진짜 그리스도인으로 변해서 퇴소하는 경우를 많이 봅니다. 부끄럽지만 저도 그중 한 사람이었습니다.

가식의 종교인들은 겉모습을 통해 판단 받기를 즐거워합니다. 그러나 가식적인 종교적 삶은 속이 깨끗하지 못한 신앙인의 모습이라고 바울은 말합니다. 순결과 정결하지 못한 모습을 속이 깨끗하지 않다고 말합니다. 성령님이 함께하지 않는 자는 거룩하지도 순결하지도 못합니다. 외모는 빛과 함께 있지만 영의 뿌리는 어둠이 지배하고 있기 때문입니다.

이번 제자훈련 마지막 날 강의에서 이런 묵상을 나누었습니다.

그림자는 당신이 아닙니다. '진짜' 같은 '가짜'입니다.

가식적인 종교인도 그림자에 불과합니다.

그들은 '진짜' 그리스도인이 아닙니다.

'진짜' 같은 '가짜'입니다.

그림자에는 그리스도께서 계시지 않습니다. 그리스도는 당신 안에 있습니다. 진정 그리스도께서 당신 안에 계신다면 당신의 삶은 바뀔 것입니다. 가식적 종교인은 그림자와 같습니다. 그리스도가 안에 계시지 않습니다. 그것은 진짜가 아닙니다.

주님을 통해서만 당신은 하나님께로 온전히 들어갈 수 있습니다. 하나님께로 가고 싶으십니까? 그런데 가식적인 종교인은 하나님께로 갈 수 없습니다. 가짜이기 때문입니다. 그 안에는 그리스도가 계시지 않습니다. 그러므로 당신이 단지 종교인이라면 하나님께로 완전히 들어가지 못할 것입니다.

세상의 철학과 경험에 속는 그리스도인이 아닌 용감한 그리스도인이 되십시오. 당신은 가식적인 가짜 종교인인가 아니면 진짜 그리스도인가를 신중히 생각해 보아야 합니다.

디트리히 본회퍼라는 학자가 있습니다. 그는 21세에 박사학위를 취득한 독일의 천재 신학자로 그 앞에 보장된 창창한 앞길이 있었지만, 히틀러와 나치, 또 그에 굴복한 독일 교회에 맞서 순수한 신앙을 지키는 고백교회 운동을 이끌었던 사람입니다.

그는 "악한 버스 운전사가 승객들을 죽음으로 이끈다면 그것을 막는 것이 교회의 임무"라는 말을 남기고, 히틀러 암살 계획에까지 참여했다가 39세의 젊은 나이에 처형된 극적인 삶을 산 인물입니다.

그러나 그의 영향력은 대단했었습니다. 과학과 철학과 독재 앞에서 용기 있는 그리스도인의 모습을 보여 주었습니다.

그의 마지막 교회를 향한 기도문은 매우 유명합니다. 그 기도문에 자주 등장하는 말이 있습니다. '선한 능력으로'라는 말입니다. 그는 나치가 하나님을 부정하고 기독교인에게 박해를 가할 때, 성도들에게 이렇게 말합니다.

"선한 능력이 나를 고요히 감쌀 때, 믿음으로 굳게 일어나십시오. 어둠이 나를 무겁게 짓눌러도 하나님, 우리를 외면치 마옵시며 의에 길로 가게 하시며 구원의 약속 이루소서!"

특별히 예민한 양심과 책임감이 철저히 주님의 '선한 능력'에 대한 신뢰에서 나왔음을 고백합니다. 그리고 그 선한 능력으로 성도들이 담대하고 의의 길에 서서 구원의 약속에 동참하기를 바랐습니다.

본회퍼는 자유주의 신학과 인본주의 철학으로 무장했던 뉴욕의 유니온신학교에서 1년간 공부를 마치고 나서, 인본주의, 과학과 철학으로 무장한 유니온신학교를 '하나님이 없는 신학교'라고 비평했습니다. 이곳에 신학이 없다고 당당히 말했습니다.

우리는 실지로 교회 안에서도 공격을 받을 때가 있습니다. 진짜 같은 가짜로부터 공격 받을 때가 있습니다. 본회퍼는 진짜 같은 가짜의 공격을 받았지만 담대했습니다. 이것이 진짜 그리스도인의 용기입니다.

하나님의 존재를 무너뜨리려는 지성 앞에서 당당히 그것을 죄라 말했던 용기가 선한 능력이었습니다. 자유주의 신학교를 향해 "이곳에 하나님이 없다."라고 말할 수 있는 용감한 믿음의 표현은 바로 진짜 그리스도인의 모습이었습니다.

과학 기술은 진짜와 가짜를 구별하는 데 쉽게 쓰입니다. 심지어 거짓말을 해도 탐지 기계가 알아냅니다. 인공지능 기술은 가짜 뉴스까지 구별하고, 음성 감식, 지문 감식, 눈동자 감식 그리고 가식적 웃음까지 구별할 수 있도록 진화했습니다. 이정도 기술이면 과학이 가짜와 진짜 그리스도인을 구별하는 기계도 만들 수 있을지 궁금합니다.

하지만 하나님의 진리는 결코 변함 없습니다. 지성이 가짜가 되고 진짜가 되는 것은 당신의 믿음 생활로 정해집니다. 지성을 대하는 당신이 진짜면 지성은 진짜가 되고, 당신이 가짜면 당신의 지성은 가짜가 되는 것입니다.

진짜 같은 가짜의 삶이 당신의 삶의 주인일 때, 당신의 삶에 절망을 주게 될 것입니다. 그리고 가짜의 욕심이 당신 삶의 신일 때, 당신을 파멸로 이끌 것입니다. 당신이 진짜 같은 가짜가 되지 않기 위한 방법은 오로지 그리스도를 삶의 창조자로 그리고 구원자로 모시는 길 밖에 없음을 고백합니다.

내가 너를 권하노니

내게서 불로 연단한 금을 사서 부요하게 하고

흰옷을 사서 입어 벌거벗은 수치를 보이지 않게 하고

안약을 사서 눈에 발라 보게 하라(계 3:18)

점검할 내용

Q.1 오늘까지 당신의 삶 가운데 진짜 같은 가짜의 삶을 살아온 흔적들이 있습니까? 어떻게 진짜와 가짜 그리스도인을 구별할 수 있습니까?

Q.2 직장과 학교에서 또는 가정에서 가식적인 종교인의 모습으로 신앙생활하면서 마음에 부담이 있었던 부분들이 있었다면 주님께 용서를 비는 시간을 가져 봅시다.

세상의 표준이 된 지성

새로운 우주의 표준이 세워졌습니다.
'하나님께서 진화론 방법대로 세상을 창조하셨다!'
과학 기술의 발달에 따라 그리고 상황에 따라 흔들리는 갈대처럼
세계관의 변화는 현대인에게 큰 도전이 되고 있다.
주님이 물으셨다.
"너희가 무엇을 보려고 광야에 나갔더냐? 바람에 흔들리는 갈대냐?"
광야 같은 인생에서 표준이 흔들리지 말아야 한다.
그리스도인에게 지성과 영성은 하나님께 이르는 두 가지 도구다.

주님,

"너는 범사에 그를 인정하라 그리하면 네 길을 지도하시리라."는

잠언 3장 6절의 말씀대로

범사에 하나님을 인정하며 하나님께 마음의 문을 엽니다.

나의 지성도 하나님 영광 보도록 사용하여 주시옵소서.

그리고 우리가 이 세상을 살면서 우리의 삶에

전심으로 받아들여야 할 것과 전심을 다해 받아들여서는 안 되는 것들을

분별하고 실행하는 지혜와 능력이 있는 삶을 살게 해 주소서.

호흡이요, 생명이신 예수 그리스도의 이름으로 기도합니다. 아멘.

지성의 뿌리가 되어 준 교회

"삶의 표준"이 '세상'이 아닙니다. '하나님 나라'입니다. 세상의 표준과 하나님의 표준을 혼동하여 사용하지 말아야 합니다.

초대교회 이전 B.C. 67년경에 그리스 사람들은 허황한 신화로부터 실망하기 시작합니다. 신화에 실망과 싫증을 느낀 사람들이 늘어나자 그들은 철학을 시작합니다. 철학의 시작은 신화처럼 허구의 이야기를 표준으로 삼은 것이 아니라 실제 인간에게 필요한 지혜와 사랑에 관심을 가지게 된 것입니다. '지혜를 사랑(Love Wisdom)'하고 '지식을 사랑(Love Knowledge)'하고 '진리를 사랑(Love Truth)'하는 것을 행복의 조건이라고 생각했습니다. 세상 사람들은 이 철학을 최고의 학문이라 여기기 시작했고 철학을 표준으로 정했습니다.

세상의 표준으로 철학을 시작하고 200년 정도 지나 초대교회 시대를 거치면서 철학자들 사이에도 새로운 방법의 철학이 소문나기 시작했습니다. 소문난 새로운 철학은 사랑과 지혜와 진리에 관한 표준을 바꾸는 독특한 철학이었습니다. 수많은 사람이 그 새로운 삶의 표준을 제시한 철학에 극성 팬으로 모여 들기 시작했습니다. 모인 사람들은 그 독특한 철학을 가르치는 선생님의 제자가 되길 원했습니다.

그 독특한 철학자가 바로 예수였습니다. 팬이 된 수많은 사람이 그분의 제자가 되길 원했고 그의 철학을 배우길 원했습니다. 예수는 지혜를 사랑하고, 진리를 사랑하는 것이 인간 행복의 조건이라고 독특한 표준을 제시합니다.

참 진리가 쾌락도 아니고 자신을 사랑하는 것이 아니라는 것입니다. 예수님의 사랑을 추구하는 방법은 지금까지 들어보지 못한 새로운 방법이었습니다. 진리를 찾기 위해 예수님은 회개하고 용서받아 자신이 새로 태어나 깨끗해지는 데 있다고 가르칩니다.

철학자들이 매료되기 시작한 것입니다. 사랑은 자신의 행복을 추구하기 위해 즐기기 위한 것이 아니라 진정한 사랑은 자신은 죽고 남을 구원함에 있다고 하는 말씀에 놀랐습니다. 자신은 낮아지고 섬기고 나누는 것이 참 사랑이라는 말씀 앞에 진정성을 본 것입니다. 예수의 가르침은 처음 듣는 가르침이었습니다. 이것이 기독교 철학의 시작이었습니다.

초대교회 초창기 교부들은 그래서 지성과 영성 사이에 지도자로 불리기 시작했습니다. 이런 이유로 과학과 철학은 태동 시기부터 기독교의 표준을 그대로 사용했습니다. 하나님이 중심이시고 우주를 하나님이 창조하심을 믿는 것으로부터 시작된 것입니다.

기독교 철학의 태동 이후 철학자들 사이에서 다시 철학의 근본을 깨우치려는 칸트와 같은 사람이 나오기까지 수많은 철학자가 예수님의 사상에 많은 영향을 받게 됩니다.

이런 이유로 초대교회 시대에는 예수님을 참 진리와 참 지혜를 갈구하는 참다운 사랑의 철학자로 여기고 따르게 됩니다. 그 후 교회는 보이는 하나님의 광대하심에 눈을 돌리기 시작했습니다. 그래서 그들은 과학을 시작합니다. 결국, 철학과 과학은 이성과 논리를 사용하여 하나님을 이해하는 도구로 사용되기 시작합니다.

지성과 영성은 마치 두 세상을 대표하는 것처럼 보이지만 사실 지성은 세상의 표준이고 중심인 하나님 나라의 영성을 설명해 주는 중요한 학문인 것입니다. 그래서 인간의 생각이 헛되고 부족한 지성의 부족을 하나님 나라의 영성이 채우게 됩니다.

○ ● ○

변질되는 과학과 철학의 표준

예수님 시대는 로마 시대였습니다. 사람들은 로마의 표준을 따라 살고 있었습니다. 힘과 권력에 눌려 살고 있었습니다. 돈이 있고 힘이 있으면 그것이 표준이었습니다. 세상은 약한 자의 것을 빼앗았고 억압했습니다. 약자들은 기죽어 살았습니다. 이것이 세상 표준입니다.

그런데 예수님이 나타나셨습니다. 그리고 자신이 이 나라의 왕이라고 하셨습니다. 헤롯은 위협적인 말씀을 하는 예수님을 미워했고 죽여야만 했습니다. 세상은 자신의 것을 빼앗으려는 예수님을 미워했고 그래서 죽였습니다. 세상은 남이 자신보다 더 힘세고 힘을 가지는 것을 싫어하고 미워합니다. 자신이 더 존중 받아야 하기 때문입니다. 이것이 세상 표준입니다.

그러나 하나님 나라의 표준은 섬기고, 나누고, 격려하고, 세우고, 헌신하는 것입니다. 예수님께서 공생애를 시작하려던 때 세례 요한은 폭군에게 생일 연회에서 죽임을 당했습니다. 예수님은 로마의 지배가 어떤지 잘 알고 계셨습니다.

그렇게 아주 가혹한 지배 아래서 그는 열심 당원이며 테러리스트였던 요한을 제자로 삼으셨고, 공공의 적이었고 매국노로 취급 받고 있었던 세리를 제자로 받으셨습니다. 로마인들과 손잡았던 헤롯의 세리였던 자를 받으신 것입니다. 그는 다양한 사람을 부르셨습니다. "너도 제자가 될 수 있다."라고 격려하셨고 "나를 따르라!"고 부르셨습니다.

우리 그리스도인은 세상에 속해 있지만, 세상에 속하지는 않습니다. 제자들은 세상과 하나님 나라를 잘 조화할 때 바른 그리스도인의 삶을 살 수 있습니다. 올챙이와 개구리처럼 개구리가 된 후에는 물에서도 살고 땅에서도 사는 삶을 살아야 합니다.

세상 나라와 하나님 나라도 마찬가지로 서로 조화를 이루어야 두 나라가 다 온전한 나라가 될 수 있습니다. 그런데 그 조화를 이루는 방법은 그리스도의 참 진리를 사랑하고 그리스도의 지혜를 사랑하는 것입니다. 과학과 기독교도 그리스도의 사랑으로 조화를 이루는 것이 지성을 향한 표준이 되는 것입니다.

한 영혼이 가지고 있는 지성은 100년이면 지나갑니다. 그래서 지성이 세상의 표준이 될 수 없습니다. 세상에 영원히 표준이 되는 그리스도가 표준이 됩니다. 우리가 두 나라에 사는 동안 하나님 나라는 절대 세상 나라보다 작아지지 않습니다.

원래 하나님 나라와 세상 나라가 같은 크기라고 착각하고 있지만 그렇지 않습니다. 하나님 나라가 강대국입니다. 영과 육 모두 강대국입니다. 우리가 두 나라에 살고 있지만 사실 하나님 나라에 사는 것과 마찬가지인 이유가 바로 이것입니다.

과학과 철학은 하나님 나라보다 클 수 없지만, 하나님 나라는 세상의 어떤 지식보다 큽니다. 그래서 100년 사는 삶이 복음에 중심이 되고 우리는 용감하고 담대한 그리스도인의 모습으로 살아가야 합니다.

그리스도는 만인의 적이 아닌 토기장으로서 깨지거나 구멍 난 토기의 일부분을 다시 정상으로 회복시키고 치유하러 온 구원자임을 선포하고자 하셨습니다. 그분은 죄로 인해 금이 간 질그릇 같은 우리를 다시 하나님께서 태초에 창조하신 본래 모습으로 복원시키실 유일한 분이셨습니다.

그러므로 그의 오심은 바로 죄의 회복에 관한 메시지요, 구원에 관한 메시지였습니다. 예수님께서 오셨던 그때에도 그랬고 지금도 인간에게 있어서 가장 큰 문제는 죄의 회복이며, 복음의 필요성은 변함이 없습니다. 복음이 삶의 표준입니다.

과학의 표준도 마찬가지입니다. 과학이 잘못 사용되면 죄를 짓게 됩니다. 과학이 잘못된 것이 아니라 사용하는 사람의 마음이 문제이기 때문입니다. 그렇기 때문에 과학에도 복음이 표준이 됩니다.

○●○
구멍 난 표준

그러나 표준에 구멍이 났습니다. 진리가 혼합되었습니다. 과학과 철학은 두 세상의 표준을 혼미하게 만들었습니다. 하지만 두 세상의 표준은 당연히 그리스도입니다. 먼저 하나님 나라의 표준을 잘 정립해야 세상 나라의 표준이 저절로 잡힐 것입니다. 영성이 바로 서면 지성이 영성을 온전한 방향으로 인도하도록 사용될 것입니다.

과학과 철학이 영성에 의해 표준이 살아날 때 하나님은 그 모든 것을 구원해 주실 것입니다. "그리하면 이 모든 것을 너희에게 더하시리라(마 6:33)."고 합니다. '그리하면'은 조건절입니다. 이 세상에서 필요한 모두를 얻는 조건이 먼저 그의 나라와 그의 의를 구하는 것입니다. 이것이 세상을 알 수 있는 지혜이고 이 우주의 이치를 알아서 더 하나님 나라를 잘 섬길 수 있도록 철학과 지혜를 주시는 것입니다.

'이 모든 것'이란 단어는 헬라어로 "타우타 판타(ταυτα παντα)"입니다. 필요로 하는 모든 것을 주시겠다는 약속입니다. '더하시리라'는 "프로스테쎄세타이(προστεθησεται)"라는 말인데, 하늘의 것을 추구하면 세상의 것도 덤으로 주겠다라는 말씀입니다.

세상에서 필요한 모든 것은 하나님 나라에 다 있습니다. 철학도 과학도 모두 하나님 나라에 있습니다. 더불어 하나님 나라에는 먹는 문제, 마시는 문제, 입는 문제, 이 모든 것이 다 있습니다. 하나님 나라는 완벽한 나라입니다. 없는 것이 없는 나라가 이 세상에 있습니까? 이 세상에서 그런 나라는 하나님 나라 밖에 없습니다.

옛날 소련 출신 코미디언인 야코프 스미르노프(Yakov Smirnoff)가 미국에 가 보니 식료품 가게에 상품이 엄청 많았습니다. 분말 분유가 있어서 물만 타면 우유가 되어 마실 수 있었습니다. 분말 오렌지 주스가 있어서 물만 타면 오렌지 주스가 되었습니다. 그래서 알았습니다. 미국은 물만 타면 모든 것을 만들 수 있다고 생각했습니다. 그런데 한 쪽 코너에 갔더니 '베이비 파우더'가 있었습니다. 분말 베이비였습니다. 그때 그는 하나님을 믿는 세상은 다르다고 생각했다고 합니다.

하나님을 믿는 세상은 다른 세상이어야 합니다. 세상 사람들은 예수님을 믿으면 다르다고 믿고 있습니다. 세상에 필요한 모든 것이 하나님 나라에 있습니다. 과학도 철학도 모두 하나님 나라에 있어야 합니다. 하지만 세상은 지성 안에서 하나님 나라의 잔재를 빼 버리고 있습니다.

하나님이 이해가 안 가는 이유는 당신이 하나님 나라 안에 없기 때문입니다. 구멍 난 표준을 가진 지성 안에서 하나님 나라는 이해하기 어렵습니다. 지성 안에서 하나님의 존재와 능력은 이해되지 않습니다.

○ ● ○

지성아, 표준을 회복하라

하나님 나라의 표준을 따르면 모든 것이 이해 가고 모든 것을 얻습니다.

지성도 영성도 모두 더해 주실 것입니다. 하지만 지성의 표준만을 삶의 표준으로 따르면 모두 잃을 것입니다. 그렇다고 지성이 하나님의 진리에 다가가는 데 필요가 없다는 것은 아닙니다. 인간의 이성과 합리성으로는 도달할 수 없는 지성의 한계가 분명 있다는 뜻입니다.

이어령 교수는 자신의 간증을 통해 "그 지성의 한계를 영성으로 극복할 수 있다."라고 고백합니다. 그는 영성을 통해 초월적인 존재인 하나님을 만날 수 있는 체험을 했습니다. 영성이 지성의 표준을 회복시킨다는 것입니다.

그러므로 그는 지성도 그리스도의 진리로 도달하는 데 도구의 역할을 감당할 수 있기에 포기할 필요가 없다고 믿습니다. 그렇습니다. 하나님의 자연 계시를 듣게 해 주는 지성과 특별 계시를 듣게 해 주는 영성은 그리스도의 진리를 깨닫는 데 모두 필요한 소통의 도구인 것입니다.

하나님을 이해하지 못하고, 기독교가 이해 가지 않는 이유는 지성만 추구할 때 오는 현상입니다. 지성 앞에 작아진 당신에게 필요한 것이 있다면 영성을 회복하는 일입니다. 영성이 더해질 때 지성의 지혜와 함께 다시 하나님의 인격과 성품을 온전히 이해하게 되고 풍성한 우주에 담겨 있는 하나님의 뜻을 알게 되어 하나님께 영광을 돌리게 될 것입니다. 지성과 영성은 예수그리스도와의 전인격적 만남입니다.

이 세상의 신이

믿지 아니하는 자들의 마음을 혼미하게 하여

그리스도의 영광의 복음의 광채가

비치지 못하게 함이니(고후 4:4).

─────────────────────

(점검할 내용)

Q.1 세상의 표준과 하나님 나라의 표준의 차이점은 무엇입니까? 각각 표준의 예를 들어 봅시다.

Q.2 지성의 한계를 영성으로 극복할 수 있다고 생각하십니까? 영성에 의해 진정한 하나님 나라의 표준이 살아나야 참 구원이 있습니다. 어떻게 삶터에서 참 구원을 위해 세상 표준을 하나님의 표준으로 바꿀 수 있는지 생각해 봅시다.

제2부

하나님의 존재를 부정합니다

거대한 산, 지성 앞에서

"태초에 하나님이 천지를 창조하시니라(창 1:1)."

저만의 아름다운 전경 사진을 찍기 위해서 새벽에 로키산 정상에 올랐습니다.
사진에 빛이 필요해서 힘들지만 새벽이나 석양을 기다렸다가 사진을 찍습니다.
빛이 가장 아름다운 순간 찍어야 하기에 일출이나 일몰 전 자리잡고 기다립니다.
우리는 빛을 멈추거나 원하는 양을 통제하지 못하기 때문입니다.
하나님께서 그 빛을 통제하십니다.

10년째 로키산 자락의 좋은 경치를 찾아다녔습니다.
제가 좋은 경치를 만들 수 없기 때문입니다.
하나님께서 천지를 창조하셨습니다.
저는 하나님의 창조하신 것 중 좋은 곳을 찾아 표현하는 것밖에 할 수 없습니다.
우리는 이미 만들어진 세상에서 나만의 삶을 위해 사진기의 렌즈를 바꿔 가며
바꾼 그 렌즈가 가장 잘 표현할 수 있는 장소를 발견하는 일만 할 수 있습니다.
사진 찍는 그 순간에서 창조할 수 있는 가장 좋은 작품을 성령님께 맡깁니다.
자신의 사진은 자신만의 이야기를 담고 있습니다.
그 사진 속의 세상은 내가 찍은 내 세상이지만
내가 그 세상을 창조한 것은 아닙니다.
우리는 영원히 하나님의 우주 속에서 내 세계를 찾아 다닐 것이고
그 우주를 배울 것입니다.

지혜
(Wisdom)

"마음의 문을 여는 손잡이는 마음 안쪽에만 달려 있다."라고
게오르크 헤겔은 말했다.
당신이 문을 여닫는 것은 자유지만
나로 인해 누군가 마음의 문을 닫으면 열 길이 없다.
문을 여는 길은 상대방의 마음 안쪽 손잡이를 여는 길밖에 없다.
그런데 문을 여는 방법이 있다.
상대의 처지에서 배려하며 다가가고
나에게 상처 준 자를 묻어 주는 지혜가 닫힌 문을 여는 열쇠다.

우리에게 지성을 주심에 감사 드립니다.

우리 기독 청년들이 지성으로

하나님의 복음을 전할 수 있도록 지혜를 주시옵소서.

저에게 상처 받았기에 주님을 멀리하지 않게 하옵시고

상처와 미움으로부터 닫혀 있는 강퍅한 그들의 마음을 열어 주시어

다시 주님의 은혜를 체험할 수 있도록 해 주시길

예수님의 이름으로 기도합니다. 아멘.

하루는 맨해튼 한복판에서 전도하는 뉴욕 주립대학교 대학생선교회(New York University InterVarcity) 소속 학생들을 만났습니다. 좀처럼 쉬운 일이 아닌데 시민들이 의외로 가던 발길을 멈춰 서서 대화에 쉽게 응하는 모습을 목격했습니다. 아마도 흔히 지성인이라 불리는 의학, 물리학, 엔지니어링, 천문학, 화학, 생물학, 인공지능 관련 IT 학과 등 과학을 연구하는 학생들이 과학과 하나님에 관해 논하니까 진정성과 신뢰를 느껴서 호응이 좋았던 것 같아 보였습니다.

대학생들은 지나가는 시민들에게 "하나님의 존재를 믿으시나요(Does God Exist or not)?"라고 물었습니다. 과학 전공자들이 "하나님이 없다."라고 말할 줄 알았는데 과학이 하나님의 존재를 증명한다고 하니 놀라는 눈치였습니다.

현대인에게 가장 강력한 신앙은 과학과 철학이 아닌가 합니다. 그중 과학이 하나님의 존재를 무력화하는 가장 강력한 무기일 것입니다. 과학의 검증을 거쳐야만 진리로 인정합니다. 검증한 것이라서 더 신뢰합니다. 세상은 과학을 이 시대의 지성이고 참 지식이며 삶의 참 지혜로 인식하고 있습니다.

그러나 현대인들에게 종교는 개인의 취향이며 주관적인 생각일 뿐입니다. 종교에서 선포하는 내용은 신화와 설화로 취급합니다. 그런데 당연히 하나님을 부정할 줄 알았던 과학도들이 종교를 전하니 큰 영향력이 있었던 것입니다.

그러나 더 중요한 것은 전도를 준비하는 IVF 소속 학생들의 지혜와 영적 준비였습니다. 그들은 전도 준비 과정을 위해 하나님께 많은 시간 무릎 꿇고 기도했습니다. 지혜와 능력을 간구하였기 때문에 성령님의 움직이심이 있었던 것입니다. 다음 세대에 복음을 증거하려면 이와 같이 '지혜와 철저한 준비'가 필요합니다. 교회의 철저한 기도와 준비가 지성을 무기 삼아 더 많은 영향력을 불러 일으킬 것입니다.

'지혜'가 '전략'이란 뜻은 아닙니다. 솔로몬의 '지혜'를 떠올리면 '지혜'가 '전략'이 아니라는 것을 알 수 있습니다. 다윗도 지혜를 간구했습니다. 그는 지혜가 필요하면 일천 번제라는 희생 기도를 하나님께 드렸습니다. 자신이 전략을 세우지 않았습니다. 그저 기도했습니다. 이 모든 복이 기도로 얻은 지혜라는 사실입니다. 오늘날 교회의 모습에서 상실되어 가고 있는 영혼들을 향한 그 긍휼한 마음으로 기도하는 모습의 회복이 절실하게 필요해 보이는 시점입니다.

이 시대에 필요한, '과학적 지식'보다 더 중요한 것은 '과학을 사용하는 지혜'입니다. 과학이라는 것을 떠나서 지식과 지혜는 공통점은 있지만, 전혀 다릅니다. 하나님께서 '지식'을 구하라고 하지 않고 '지혜'를 구하라고 하신 이유가 여기 있습니다. 그 이유는 세상의 '지성'이 하나님의 것임을 증명하는 데 더욱 '지혜'가 필요하기 때문입니다.

지혜는 진주보다 귀하니 네가 사모하는 모든 것으로도 이에 비교할 수 없도다(잠 3:15).

예수님도 제자들을 세상에 보낼 때 뱀같이 지혜롭기를 권면하셨습니다. 세상이 너무 악해서 지식으로 유혹하고 시험합니다. 영적인 공격을 하려는 세상의 무기가 지식입니다. 그러나 그 지식을 이길 무기는 지혜입니다. 지혜가 이만큼 중요하다는 말입니다.

지혜란 '분별력' 또는 '통찰력'이라는 뜻입니다. 지성으로 하나님의 존재를 부정하려는 어려운 시대를 살아갈수록 분별력이 필요하고, 통찰력이 필요합니다.

열왕기상 3장 16-28절에 솔로몬의 지혜가 나옵니다. 어느 날 두 여인이 아이를 낳았습니다. 한 여인의 아이가 죽었는데, 산 아이로 바꿔 놓고, 산 아이를 서로 자기 아이라고 싸우다가 솔로몬 왕 앞에 불려가 재판을 받게 되었습니다. 솔로몬은 하나님의 지혜로 산 아이의 엄마를 찾아 주었습니다. 이때 열왕기상 3장 28절에 솔로몬이 재판하는 것을 본 백성들은 하나님의 지혜가 솔로몬 속에 있음을 보고 두려워했다고 합니다.

지금 솔로몬의 지혜와 같은 참 지혜가 요구되는 시대입니다. 순간순간 선택의 갈림길에서 분별력과 예리한 통찰력 있는 지혜가 필요합니다. 인공지능 시대로 접어 드는 요즘은 기독 과학자들의 지혜와 노력이 절실한 시기입니다.

과학자들의 말은 영향력이 있습니다. 아마 목회자의 말보다 과학자의 말을 더 믿을 것입니다. 증명할 수 있는 과학자가 세상 사람들이 허구라고 말하는 기적만 이야기하는 목회자보다 더 신빙성 있다고 믿을 것입니다. 과학은 증거를 가지고 있는 이야기만 말한다고 신뢰하기 때문입니다.

그러므로 기독 청년들은 과학을 아는 지성의 힘을 꼭 길러야 합니다.

그리고 지성으로 무장한 청년들은 그 지성의 도움으로 영성에 가까이 가야 합니다. 교회는 그들에게 그 기회를 마련해 주어야 합니다.

최근에 스스로 지성인이라 여기는 청년들이 늘었습니다. 그들에게 과학과 철학적 사고를 무시하는 식의 접근은 소통의 문을 닫는 지혜롭지 못한 방법입니다. 나름 이 시대를 이끌어가는 가장 지식인이라는 자부심이 있는 청년들에게 과학과 철학은 소중한 지성인으로 들어가는 문이기 때문입니다.

그들의 세상 보는 표준을 바꾸기 위해 마음 문을 여는 것이 중요합니다. 지혜의 첫 단추는 그들의 마음을 열기 위한 방법을 연구하고 준비하는 것으로 아주 중요한 일입니다. 그러므로 교회는 지성을 접하는 청소년과 청년들을 위해서 치밀한 준비를 기도하며 지혜롭게 해야 할 것입니다.

하나님은 미약한 과학도 하나님 나라의 일꾼으로 참여하길 원하고 계십니다.

너희 중에 누구든지 지혜가 부족하거든
모든 사람에게 후히 주시고 꾸짖지 아니하시는
하나님께 구하라
그리하면 주시리라(약 1:5).

Q.1 과학적 근거로 하나님의 존재를 인정하지 않는 영혼들을 향해 그들의 마음 문을 열도록 하는 지혜가 절실히 요구됩니다. 구체적으로 어떤 방법이 있는지 생각해 봅시다.

Q.2 만약 당신이 과학자라면 하나님 나라를 증거하는 도구로 어떻게 과학을 사용하면 좋겠습니까?

세상을 향해 묻다

과학자이자 수학자인 파스칼은
어느 날 예수 그리스도와 깊은 만남을 가졌다.
인생을 전환한 이 경험은 그가 학문 연구의 초점을
과학과 수학에서 신학으로 옮기게 했다.
하나님과 거리 먼 삶, 부유한 귀부인들과 사교계와 향락의 삶을 살던
파스칼은 "하나님을 알지 못하고 행복할 수 없다.
그리고 불행의 시작은 하나님이 없음을 확신하는 데 있다."라고 했다.

아버지, 아버지께서 우주를 창조하시고

우리를 창조하심에 감사를 드립니다.

현존하시는 주님, 하나님의 존재를 부정하는 이들에게

주님이 창조자이심을 부정할 수 없도록 능력을 행하여 주옵소서.

그래서 하나님의 영광이 드러나길 소망합니다.

나의 창조자 되신 예수 그리스도의 이름으로 기도합니다. 아멘.

뉴욕

맨해튼에서 대학생선교회 청년들이 세상에 물었습니다.
"기독교를 어떻게 생각하십니까?"

"하나님께 한 가지만 질문할 수 있다면 무슨 질문을 하시겠습니까?

"하나님의 존재를 믿으십니까?"

세상이 본격적인 인공지능 시대에 들어가면 원하는 인간을 공장에서 찍어 낼 수 있다고 확신하는 이가 많다는 것을 알 수 있었습니다. 하나님이 필요 없다고 느끼는 것입니다. 그래서 하나님의 존재를 부정하는 이가 늘고 있다는 것을 그들과의 대화를 통해 알 수 있었습니다.

아무래도 지성인들의 가장 큰 관심사는 "하나님의 존재"였습니다. 과학이 하나님 존재 필요성을 부정할 수 있다는 뜻은 하나님은 이전에 존재하지 않았어도 지금까지도 인간은 하나님 없이 잘 살았다는 논리를 펴고 싶었던 것입니다. 그러므로 하나님이 존재하지 않는 증거라고 주장하고 싶은 것입니다. 아마 이런 사회상은 몇 해 전부터 미국 대학가를 강타한 도킨스의 『만들어진 신』이란 책의 영향이 컸을 것입니다.

그들은 성경의 기적들이 현대에 반복해서 일어나지 않는 점을 들어 과학적 근거 없는 성경을 미신이라 여기고 하나님을 다른 신화 속 신들과 소설 속 이야기같이 폄하했습니다. 그리고 전지전능한 하나님이라면 악인을 없애지 않는 이유도 따졌습니다. 하나님이 악을 허락하고, 그 악행으로 인해 죄를 짓게 하여 지옥으로 보내는 일은 사랑이 아닌 미움의 증거라고 주장하며 이중인격자의 모습이라고 분노합니다. 또한 기독교가 독선적이고 배타적이라고 믿고 있고 예수 믿는 사람만 사랑하는 이기적인 종교이며 차별하는 종교라고 믿고 있습니다. 그러나 그들은 무엇보다 자유 의지를 가진 인간에게 하나님은 필요 없으며, 하나님은 인간이 만든 가상의 신이라고 믿는 것입니다. 이 모든 것을 증거하기 위해 그들은 과학이 필요했습니다. 과학을 예수 없다는 도구로 활용하게 된 것입니다.

세상 사람들에게는 지성이 곧 가치의 척도이기 때문에 지성과 하나님의 관계를 아주 궁금해 합니다. 이 관계를 확실히 정하는 것이 삶의 가치를 결정하는 중요한 척도라고 생각하기 때문입니다.

세상은 교육을 통해 미리 창조론과 진화론 그리고 휴머니즘 등을 통해 거의 50년 이상 수많은 무신론자를 배출해 왔습니다. 세상은 초등학교부터 고등학교까지 12년 동안 인류 진화론과 우주 진화론을 철저히 가르쳤습니다. 과학이라는 명목으로 무신론을 가르친 것입니다. 그래서 수많은 크리스천 학생이 무신론으로 넘어가는 결과를 초래했습니다. 이때 신앙 깊었던 학생들까지도 믿음이 흔들리게 되었습니다.

세상은 과학이라는 도구를 앞세워 장기적 계획을 세워 크리스천 다음 세대들의 신앙을 혼란스럽게 만들어 교회를 떠나도록 하고 있습니다. 그러나 교회는 이에 대비하지 못하는 분위기입니다.

이제 교회가 과학을 도구 삼아 하나님의 존재를 부정하는 세상을 향해 묻고 세상은 답해야 할 때가 되었습니다. 하나님의 계획이 들어날 때마다 과학이 어떻게 하나님의 존재를 부정할 수 있을지 궁금하기 짝이 없습니다.

창세로부터 그의 보이지 아니하는 것들

곧 그의 영원하신 능력과 신성이

그가 만드신 만물에 분명히 보여 알려졌나니

그러므로 그들이 핑계하지 못할지니라(롬 1:20).

점검할 내용

Q.1 과학이 당신에게 하나님의 존재를 부정하기 위해 많은 질문을 던졌을 것입니다. 구체적으로 어떤 질문을 받은 적이 있습니까?

Q.2 당신은 하나님의 존재를 부정하는 과학 앞에 구체적으로 어떻게 답을 했습니까?

발전해 가는 과학

현재 우리는 우리가 반복적으로 하는 행동의 결과다.
세상의 빠른 변화는 수많은 부지런한 반복 행동의 결과들이다.

주님, 오늘은 먼저 저의 교만함으로 용서를 구합니다.

주님의 손길 없이 창조된 것이 없고

주님의 임재 없이 할 수 있는 일이 아무것도 없는데

내 힘과 능력으로 할 수 있을 것이라고 생각했던 교만함 앞에

은혜로 용서를 구합니다.

다만 모든 것이 하나님의 계획과 능력 안에 있음을 고백합니다.

살아 계신 예수 그리스도의 이름으로 기도합니다. 아멘.

전도를 하다 보면 "하나님이 안 계신다."라고 말하면서 분노하며 대드는 청년을 대하곤 합니다. 참 난처할 정도로 전투적으로 다가옵니다. 그런 청년들을 최선을 다해 정중히 대하고 나면 힘이 빠집니다. 차분한 대화로 이어가려 해도 의도적으로 나를 화나게 하려는 듯, 거친 대화와 과학과 철학적 지식을 총동원해 하나님의 존재를 부정하는 그들의 교만함 앞에 많이 지칩니다.

하나님의 존재를 부정하는 과학은 무서운 속도록 발전하고 있는데 반해, 교회는 이에 대한 준비가 미비해 보입니다. 전통적으로 빅뱅 이론과 다윈의 진화론이 하나님의 존재를 부정하는 것만은 아닙니다. 이것을 발판으로 현재 인공지능 기술 발전까지 일부 과학자들은 꾸준히 하나님의 존재를 부정하고 있습니다.

과학 기술이 발전하여 지금은 전화기와 컴퓨터가 손안에 있습니다. 예전에는 벽돌 크기의 위성 전화기를 들고 다녔지만 지금은 손바닥만 한 스마트폰을 들고 다닙니다. 더 성능이 좋고 더 작습니다. 실로 엄청난 발전입니다.

컴퓨터는 0과 1 두 숫자에 흐르는 결과 값을 가지고 결론을 냅니다. 이 단순한 발견이 엄청난 문화 발전을 가져왔습니다. 이진법을 사용한 반도체에서 4진법을 사용하는 훨씬 빠른 컴퓨터를 발견했습니다. 그리고 이제 곧 한번에 정보를 빛보다 빠르게 처리할 수 있다는 퀀텀 컴퓨터(양자 컴퓨터)까지 연구하고 있는 상황입니다. 대단합니다.

보이지 않는 미시 세계의 영역까지 활용하는 과학의 시대가 올 것입니다. 원자와 전자 사이에 더욱 더 작은 보이지 않는 입자가 있는데 그 전자 사이에 있는 것을 볼 수 없고 불확실한 값이라서 그것을 이용해 연산하는 이론입니다.

영화 이야기 한번 해 볼까요? "앤트맨(Ant Man)"이라는 영화가 있습니다. 여기서 사람의 크기를 작게 또는 크게 만들 수 있는 기술이 등장합니다. 인간을 작게 해서 날아다니는 개미 등에 업혀 다니게 하여 악당과 싸운다는 설정입니다. 쉽게 말하면, 사람이나 사물이 작아졌다 커졌다 할 수 있다는 것입니다. 원자와 분자 사이의 공간이 보기보다 넓어 그 공간을 넓혔다 좁혔다 하며 크기 조절도 할 수 있다는 이론이 퀀텀 물리학, 즉 양자 역학이라고 합니다.

이 퀀텀 물리학 이론은 정보 값을 정보 전달을 용이하게 할 수 있는 파동으로 보았습니다. 그래서 쉽게 여러 가지 값을 결정지을 수 있어 확률로 그 결과를 알아내는 파동 물리학의 발견은 다가올 미래 인공지능 시대를 바꾸어 놓을 것입니다.

이제는 이 퀀텀 물리학에 심취한 사람들 가운데, 빅뱅 이론과 같은 우주 진화론이라는 미지의 세계에 빠졌던 사람들이 이 과학 이론을 발판으로 다시 한번 하나님의 존재가 없다는 것을 증명하기 위해 기회를 엿보고 있습니다.

퀀텀 물리학의 원래 의도와 상관없이 빅뱅 이론에서 재미를 보지 못한 일부 우주 진화론자들에 의해서 퀀텀 물리학은 하나님을 부정할 도구로 쓰이게 될 상황이라는 것입니다. 퀀텀 물리학이란 미래에 일어날 거의 모든 것을 예측하고 통제하고 만들 수 있다는 전제로 연구하는 이론입니다. 그렇기 때문에 하나님 없이도 세상이 돌아간다는 것을 증명하기 아주 좋은 도구로 여기고 흥분하고 있는 것입니다.

하지만 미래에 다가올 과학은 지금까지 과거 과학의 이론들과 법칙들에 상충되는 부분이 많아 하나님의 존재를 오히려 알리는 계기가 될 것입니다. 과학의 수많은 법칙과 이 퀀텀 이론(양자 물리학)이 상충하기 때문입니다. 이론상으론 서로 같이 존재할 수 없기 때문입니다.

하지만 퀀텀 물리학 시대에 돌입하면 수년 안에 세상이 바뀔 것입니다. 어떻게 하나님께서 사용하실지 기대가 됩니다.

제가 고등학교를 졸업했을 때 아버지께서 사 주신 286 컴퓨터는 책상 위 전체를 차지했을 만큼 크기가 어마어마했습니다. 소리는 방을 뒤흔들 정도였고, 부팅도 한참을 기다려야 했습니다. 그래도 286 컴퓨터로 아폴로 우주선을 만들었다는 사실에 감탄했습니다.

그때는 모든 사람이 지금처럼 손안에 컴퓨터를 들고 다니리라고 상상도 못했습니다. 이렇게 컴퓨터가 발전에 발전을 거듭해서 오늘날까지 온 것을 생각한다면 앞으로 세상이 어떻게 더 바뀔지 기대가 큽니다. 수년 안에 손안에 퀀텀 랩톱 컴퓨터(Laptop Computer)를 들고 다니게 되는 순간도 멀지 않았습니다.

그러나 발전해 가는 과학이 인류에 좋은 것만은 아닙니다. 인간이 악하기 때문에 발전해 가는 과학으로 전쟁과 테러의 위협에 노출되어 인류를 헤치는 데 악용되고 있다는 점은 과학 발전의 부작용입니다. 더 나아가 일부 과학자들은 발전된 과학으로 '하나님의 존재를 부정'하는 이론을 내놓고 증명하는 도구로 악용하는 문제도 수시로 일어나고 있습니다.

참 좋은 과학자들의 처음 의도가 많이 희석되고 있습니다. 돈과 권력을 위해 과학을 악용하는 양심 없는 과학인들에 대한 우려도 큽니다. 더 나아가 하나님의 존재를 부정하는 데 사용하는 과학자들이 있어 기독 과학자들의 역할이 절실히 요구되는 상황입니다.

발전하는 과학은 바로 하나님께서 존재하신다는 증거입니다. 그러나 그것을 알릴 기독 과학자들의 노력이 현실 세계에서는 녹록지 않습니다.

분명 과학은 하나님께서 주신 복입니다. 과학이 하나님을 만든 것도 아니고 하나님께 복을 주는 위치에 있는 것 또한 아닙니다. 오히려 하나님께서 우리에게 주신 선물이 과학입니다. 과학은 우리에게 있어서 복입니다. 그러므로 발전하는 과학은 인간이 실력이 있어서가 아니라 하나님께서 인간에게 주신 복의 도구입니다.

발전하는 과학으로 인해 과학자들 간에 서로 대립도 하고 잘못된 것은 수정도 하면서 인간은 하나님의 복을 계속 받게 될 것입니다. 그러므로 발전하는 이론은 서로의 법칙과 이론이 서로 대립 또는 의존을 반복할 수밖에 없을 것입니다.

하나님께서는 그분이 만드신 새로운 것을 우리가 발견할 때마다 하나님의 광대하심을 볼 수 있도록 과학을 시간이 차면 한 단계씩 성장시켜 주실 것입니다. 하지만 이 과정을 경험하는 순간순간마다 인간은 한계를 더 크게 보게 될 것입니다. 더불어 인간은 당연히 우주를 문제없이 관리하고 인도하시는 하나님의 능력이 더 광대하심을 체험하게 될 것입니다.

여호와께서

그의 권능으로 땅을 지으셨고

그의 지혜로 세계를 세우셨고

그의 명철로 하늘을 펴셨으며(렘 10:12)

점검할 내용

Q.1 발전하는 과학으로 인해 우리의 믿음 생활에 득이 되는 부분과 실이 되는 부분이 있는지요? 득이 되는 부분과 실이 되는 부분을 현실에서 찾아 봅시다.

우주
진화론

신문에 북한 미사일에 대한 풍자 만화 논평이 났습니다.
김정은, 지구를 부탁해!
빅뱅 한 번만 더!

나의 구주, 생명 되신 주님!

오늘은 일 초 앞도 내다보지 못하는 나의 생각을

긍휼함으로 인도해 주시길 기도합니다.

더불어 여호와 아버지의 생각과 우리의 생각이 다름을 용서해 주십시오.

아버지가 만드신 우주가 아버지의 솜씨가 아니라고 합니다.

저들의 무지를 용서해 주십시오.

예수 그리스도의 이름으로 기도합니다. 아멘.

초등학교 시절 신앙 때문에 학급 친구들과 악쓰고 싸워

본 적이 있습니까? 저는 하나님이 천지를 만들지 않았다고 말하는 친구들과 악을 쓰고 싸운 적이 많았습니다. 저는 하나님께서 6일 동안 창조하신 말씀을 암기하고 다녔습니다. 하나님이 얼마나 멋졌는지 모릅니다. 그런데 자신도 자세히 알지 못하는 빅뱅 이론을 가지고 하나님이 지구를 만드신 것이 아니라고 하는데, 얼마나 친구들이 웃겼는지 저는 확신을 가지고 하나님을 무시하는 친구들을 향해 "하나님은 존재하시고 그분이 천지를 창조하셨다!"라고 담대하게 전했습니다. 생각해 보십시오. 조그마한 놈이 핏대를 높여 외치는 모습이 얼마나 우스웠겠습니까? 그런데 친구들이 제 앞에서 모두 찍 소리도 하지 못했습니다. 아니 갖잖아서 저를 슬며시 피했을지도 모릅니다.

과학에 관심이 있는 사람들은 발전하는 과학의 힘으로 우주의 기원을 비롯해 그동안 세상이 풀지 못했던 과학 난제의 해답들을 알 수 있을 것이라 고대할 것입니다. 빅뱅 이론이 바로 하나님의 존재와 능력을 부정하는 첫 걸음이기 때문입니다.

1927년, 르메트로는 우주가 팽창하고 있다면, 과학자들이 시간을 거꾸로 돌려 과거를 찾을 수 있을 것이라는 가설을 생각합니다. 지금의 우주를 계속 빅뱅의 순간까지 거꾸로 가다 보면 언젠가는 우주는 한 '점'에서 시작할 것이라고 믿었던 것입니다.

이것을 '원시 원자 가설'이라고 부릅니다. 이 가설이 지금의 빅뱅을 창조설로 만든 것입니다. 빅뱅 이론 전에는 우주가 원래부터 이 모습으로 있었다는 이론이 있었는데, 이 두 이론은 현대 과학계에서는 아직도 팽팽하게 논쟁 중입니다.

그럼 정말로 '빅뱅은 있었던 것일까? 아니면 없었던 것일까?' 하는 의문은 커질 수밖에 없습니다. 그 사건을 현대 과학의 시뮬레이션으로 볼 수 있다는 사람도 있고, 볼 수 없다는 사람도 있습니다. 그래서 우주의 작지만 큰 빅뱅 사건을 증명할 수 있게 될지에 관한 궁금증은 점점 더 커지고 있습니다.

빅뱅 이론을 만든 자들을 일명 '우주 진화론자'라 부릅니다. 그들에 의하면 대략 38-40여 광년은 우주의 열이 식지 않아 빛이 활성화되지 못해 빅뱅의 순간은 암흑이었다고 믿습니다. 그러기에 우주의 기원은 영원히 볼 수 없다고 줄곧 주장해 왔습니다. 그러나 현대 과학자들의 일부와 퀀텀 물리학(양자 물리학)은 시뮬레이션을 통해 빅뱅 순간을 볼 수 있다고 믿습니다. 과연 볼 수 있다면 빅뱅의 가설은 틀린 것이 될 것입니다.

우주 진화론자들에 의하면, 138억 년(약 140억 년) 전 지구는 가스로 어둡고 공간이 없을 정도로 엉켜 있었다고 주장합니다. 그런데 어디선가 자세히 알 수 없는 어떤 반응에 의하여 우주 복사열을 만들어 내고 그 빛이 먼지, 즉 한 점과 같은 물질을 가열하여 압력을 높였다고 말합니다. 그 복사

빅뱅이 있은 후 38-40여 광년 동안, 우주는 뜨거운 열이 아직 식지 않았기에 원자와 분자가 활성화되어 있어서 빛이 원자와 분자 사이를 지나다녀 빛이 발생하지 않았던 단계라 아무것도 볼수 없는 상태였다고 우주 진화론자들은 말한다.

열을 받은 물질은 원자와 분자 사이처럼 보이지 않을 정도의 공간이던지 손톱만 한 좁은 공간 같은 아주 작은 공간 사이에서 밀도와 압력이 올라가서 어느 시점에서 폭발하여 우주가 팽창하기 시작했다고 주장합니다. 이것이 빅뱅 이론입니다. 그러므로 현대 과학이 바라보는 빅뱅 이론은 스스로 틀렸다는 것도 동시에 제공하고 있습니다.

재미있게도 우주 진화론자들과 현대 과학이 서로의 이론이 틀렸다고 주장하는 점은 분명 인간의 한계를 보여 주는 또 다른 증거일 것입니다.

하나님이여
나를 살피사 내 마음을 아시며
나를 시험하사 내 뜻을 아옵소서
내게 무슨 악한 행위가 있나 보시고
나를 영원한 길로 인도하소서(시 139:23-24).

Q.1 당신은 창조론을 믿습니까? 아니면 우주 진화론을 믿습니까? 당신이 우주가 어떻게 창조되었는지 알고 있다면 한번 자세히 설명해 보시기 바랍니다.

Q.2 당신은 우주 진화론과 창조론의 차이가 무엇인지 구별할 수 있습니까? 한번 구별하고 어떤 것이 과학적인가 생각해 봅시다.

빅뱅의 오류

과학 지식이 부족하다고 생각하던 나는
빅뱅은 근거와 증거가 충분히 있는 줄로 알았었다.
과학에 대해 아무것도 모르기 때문이었다.
증거가 있는 만큼 확실이 과학적으로는 일어날수 있겠구나 하고 생각했었다.
그래서 과학자는 모두 빅뱅 이론을 믿는 줄 알았었다.
그런데 아니었다. 실제로는 우주 진화론자들이 줄고 있었다.
아무도 보지 못했고 보지 못할 빅뱅의 순간을
과학자들은 어쩜 그렇게 뻔뻔하게 주장할 수 있을까?

주님,

광대한 우주를 창조하시고 나를 창조해 주심에 감사합니다.

그럼에도 불구하고 아버지를 이해하지 못했던 부분은 용서해 주시옵시며,

아버지의 광대하심을 보았사오니

주님, 영광 홀로 받으시옵소서.

창조자이신 성자 예수님의 이름으로 기도합니다. 아멘.

저의

집 주소는 좀 깁니다. 갤럭시, 밀워키 태양계, 지구별, 미국, 콜로라도주 덴버시…입니다. 정말 길죠? 우리 지구의 주소는 수많은 갤럭시 중에 태양계를 끼고 있는 밀키웨이라는 갤럭시 안에 태양으로부터 거리상으로 세 번째 먼 별에 살고 있습니다.

2016년 10월자 「사이언스(Science)」지는 현재 우주에 2조 개의 갤럭시가 있다고 합니다. 지금까지 알려진 수치보다 약 10배나 많은 어마어마한 이야기입니다. 게다가 한 갤럭시 안에 별이 각각 약 1,000억−1조개씩 있다고 유럽우주기구(ESA)는 추정합니다. 따라서 우주에 최소 2,000억 개에서 최대 2조 개의 갤럭시와 그 갤럭시 안에 평균 1,000억 개의 별이 있다고 하면, 결국 2×10^{22}−2×10^{23}개의 별이 있다는 말이 됩니다. 이는 실제로 하나님이 창조하신 우주가 얼마나 큰지를 상상할 수 있게 합니다.

그러나 우주가 이렇게 광대하기까지 팽창했다고 하는 빅뱅 이론은 현실과 다른 실제로 많은 오류가 있다고 현대 과학은 주장합니다.

○ ● ○

완벽한 오류

어릴 때 목에 핏대를 세우며 싸울 때에는 빅뱅 이론을 잘 몰랐습니다. 사실 지금도 잘 모른다 해도 과언은 아닐 것입니다. 그러나 한 가지는 알고 있습니다. 하나님이 우주를 창조하셨다는 것입니다. 그러나 어릴 때처럼 세상과 싸울 수는 없습니다. 여러분도 단순히 세상과 싸울 수는 없을 것입니다. 그래서 머리가 듣는 순간 쥐가 나고 복잡해서 금새 지치지만, 한 번 정도는 과학에 대해서 들어 보면 걱정한 만큼 고생하지 않고 의외로 쉽게 이해할 수도 있을 것입니다. 지루하고 힘들어도 내용을 한 번이라도 듣고 나면 그다지 어렵지 않게 기도 제목이 선명해질 것이라 믿습니다.

과학 역사는 빅뱅 이론의 틀린 부분들을 과감하게 변경하고 수정해 왔습니다. 첫 번째 이론을 발표하고 나서부터 지금까지 자신들의 틀린 점이 들어날 때마다 발전하는 과정 때문에 나타난 오류라고 말하며 계속 새로운 학설을 주장하고 있습니다. 하지만 그럴수록 그 빅뱅 이론은 신빙성을 잃고 있습니다.

빅뱅은 우주의 수소와 헬륨이 초고열을 받아 압력이 높아지고 밀도가 높은 상태에서 융합이 일어나 폭발을 시작해서 계속 팽창한다고 믿습니다. 이 시간이 지나가면서 무거운 가스들이 안으로 모여 들었고, 그 모인 가스가 별들이 되어 은하계와 같은 클러스터에 모이고 시간이 더 지나 큰 별들이 모이고, 그리고 더 시간이 흘러 갤럭시가 되었다고 주장합니다.

여기서 시간과 공간이 창조되었다고 믿는 것입니다. 우주 폭발이 있고 난 뒤에 같은 원리로 이곳저곳에서 폭발하고 팽창해 가면서 가스가 극소수의 먼지와 결합한다고 합니다. 시간이 지나면서 돌이 되고 돌이 결합하여 바위가 되고 점점 등치를 불려서 소행성이 되고 나중에는 행성이 되어 우주를 형성해 나갔다고 합니다. 결국, 45억 년 전에 태양에서 조각이 떨어져 나온 덩어리가 지구가 되었다고 그들은 주장합니다.

그런데 빅뱅 이론은 그 점의 시작과 빛의 시작을 증명하지 못합니다. 우주 기원은 원인 없이 결과가 생긴 것입니다. 그러므로 빅뱅의 시작은 원인 없는 시작이라는 점에서 과학적으로 완벽한 오류에서 시작한 것입니다. 그리고 처음부터 오류로 시작한 우주 기원은 계속해서 빅뱅 이론은 틀린 이론이라는 것을 증명하기에 충분한 증거들이 발견되고 있습니다.

첫째, 가스와 남은 극소량의 먼지는 바위 하나 이상은 절대 결합할 수 없고 서로 충돌하게 되면 산산조각으로 깨지기에 모일 수 없다는 것입니다. 그리고 가스는 기본적으로 가볍기 때문에 중력으로 잡아 당겨서 모이지 않는다는 것입니다.

이 첫째 빅뱅의 오류만으로도 빅뱅은 일어날 수 없다는 것을 알 수 있지만 그들의 치명적 오류가 참 많이 있습니다. 여기 몇 가지 더 소개합니다. 언제 어디서나 빅뱅 이론을 접하더라도 간단한 몇 가지 지식이 그들의 오류를 쉽게 할 수 있게 할 것입니다.

둘째, 빅뱅이 일어났다면 그 이후 우주 안의 물질들이 움직이는 속도가 엄청나서 가스가 뿜어지듯이 움직이면 그 자리는 바로 진공 상태처럼 되어 이산화탄소로 채워진다고 주장하는데 현대 과학자들은 우주 진화론의 이론은 현실과 다르다고 합니다. 현대 과학의 실험 결론은 우주에서

지금 태양은 90%의 수소와 7% 헬륨 그리고 나머지는 마그네슘, 황, 규소, 산소, 니켈, 등으로 이루어져 있다. 그 많은 가스가 폭발이 있어 움직임이 빠른 상태에서 그 많은 기체가 모였다는 것도 과학적으로 검증하기 힘들다는 것이다. 가스가 모여 구름처럼 되면 자신들의 무게로 인해 깨지고 만다는 것이다.

빅뱅이 있었다면 그로 인해 가스들이 뭉쳐서 태양을 만들 수 없는 조건이라고 말합니다.

셋째, 태양은 절대 오래된 별이 아니라고 합니다.

우주 진화론자들은 태양의 나이가 빅뱅이 있은 후 38-45억 년 사이에 생성된 아주 오래된 별이라고 주장합니다. 그런데 현대 과학은 이 이론에 의문을 제시합니다.

태양은 빛을 간직하고 있습니다. 오래된 가스는 모이지 않기에 빛을 간직할 수 없다고 합니다. 시간이 지나면 별은 중력과 가스들을 잃게 된다고 합니다. 빛을 가진다는 뜻은 신생별이라는 뜻입니다. 그러나 태양이 빅뱅 이후 바로 생긴 별이라면 아주 오래된 별이라는 뜻인데 앞뒤가 맞지 않는 것입니다.

과학자들은 태양의 실제 나이가 신생 별로서 대략 지구 나이와 비슷하다고 결론을 지었습니다. 그럼 지구가 빅뱅이 있은 후 45억 년 후에 생성되었다는 말은 자연히 오류가 되는 것입니다.

빅뱅 이론에 의하면 빅뱅과 함께 형성된 별들은 이미 빛을 잃었어야 합니다. 물론 그들의 이론대로라면 태양도 이미 빛을 잃었어야 한다는 것입니다. 빅뱅 이론이 틀렸다는 증거입니다.

넷째, 빅뱅 이론에서는 폭발하는 힘이 질량 법칙에 의해 한 방향으로 별들이 돈다고 했는데, 실제로는 우주의 금성은 빅뱅 이론자들의 주장처럼 한 방향으로 돌지 않고 거꾸로 도는 은하도 있습니다. 태양계에서도 금성은 반대로 돌고 천왕성은 누운 방향으로 돕니다. 또 여러 개의 위성도 반대 방향으로 돕니다. 이는 자연적인 각 운동량 법칙에 위배됩니다. 과학자들은 이에 대해 많은 설명을 내놓습니다. 커다란 별이 치고 지나가면서 당구하듯이 회전을 바꿨다는 식의 낮은 확률의 사건을 설명으로 제시합니다.[*]

빅뱅 이론은 이렇게 크고 작은 이유로 문제점이 많은 것을 알 수 있습니다.[**] 이론 물리학자 스티븐 호킹 박사는 이런 이유로 과학의 이론은 철학적 사고 없이 과학을 할 수 없다고 주장하는 것입니다.[***] 철학적 사고로 생각한 것을 이론으로 놓고 실험과 현상이 맞으면 과학이 되고 그 이론이 틀리면 바로 철학적 사고나 허구로 남는 것입니다. 아쉽게도 우주 진화론자들의 이론은 허구로 남을 가능성이 큽니다. 빅뱅 이론자들은 자신보다 더 낳은 이론은 없다는 지적인 교만에 차 있습니다.

다섯째, 빅뱅처럼 큰 폭발이 있는 우주에서 이렇게 조직적으로 별들이 움직일 수 없다는 것입니다. 어딘가 편향된 정황이나 증거가 있어야 하는데 너무 조직적이고 우주 전체가 조화를 가지고 균일성을 유지한다는 것입니다. 그래서 현대 과학자들은 빅뱅에 의해 우주가 생겼다는 것을 인정할 수 없다는 것입니다.

[*] *CNN*, "Goofy galaxy spins in wrong direction", 2002.02.11.
[**] "빅뱅 우주론이 사실일 수 없는 4가지 증거" (2015.10.01.).
　　https://www.fingerofthomas.org/빅뱅-이론이-사실일-수-없는-4가지-증거
　　이 기사 중간 "거꾸로 도는 별들"에 설명되어 있다.
[***] "우리는 철학적 이념을 끌어들이지 않고서는 우주론을 세울 수 없다."
　　Stephen Hawking, *Brief History of time*, 1988.

마지막으로, 빛의 속도보다 더 빠르게 만들어진 우주 구조에 문제를 제기합니다. 우주 공간은 크게 보면 어디서나 균일합니다. 그런데 빅뱅 이론에 근거하면 우주 공간이 들쑥날쑥합니다. 그리고 그들의 주장대로 라면 어떻게 100억 광년 크기의 구조물이 형성되는데 38억 년 밖에 걸리지 않았는지에 대한 궁금증을 낳게 합니다. 결국, 지금 존재하는 어떤 모델도 이 구조물의 형성을 설명할 수 없습니다.

혹시 여러분은 지금까지의 내용을 모두 다 이해하기 힘드실지 모릅니다. 그런데 신경 써서 몇 번 듣다 보면 알게 되실 것입니다. 빅뱅 이론이 틀렸다는 것을 확실히 알 수 있을 것입니다. 그러므로 저는 빅뱅 이론을 주장하는 무신론자들를 편하게 대할 용기가 생겼습니다. 빅뱅 이론의 오류가 오히려 하나님이 존재를 알리는 증거라는 것을 알게 되었기 때문입니다.

이러한 난제로 인해 많은 초기 우주 진화론자 가운데 양심의 가책을 받은 과학자들이 저처럼 빅뱅을 외면하기 시작합니다. 최후, 특히 희망을 걸었던 급팽창 이론★ 에 대한 증거가 철회되자, 빅뱅 이론은 사실이 아니

★ 급팽창 이론은 모노폴 문제, 평탄성 문제 그리고 지평선 문제 등 빅뱅 이론의 기본 문제를 커버할 가장 훌륭한 이론이라 믿었다. 그러나 이것은 '왜' 그리고 '어떻게 시작'이 되었으며, '어떻게 멈췄는지'에 대한 설명을 제대로 증명하지 못한다. 이 이론이 실제 사건이라는 관측 증거는 단 하나도 없으며, 오히려 최근 나사가 발사한 더블류맵 위성(WMAP) 관측 결과는 이 이론이 사실일 수 없다는 증거를 제시한다. 우주 진화론을 하는 일부 과학자들 외에는 전부 빅뱅 이론을 부인한다는 것이다. 처음 빅뱅 이론을 대세로 만들어 놓은 우주 배경 복사(CMB)가 과학의 발전에 따라서, 아이러니하게도 빅뱅을 부정하는 가장 큰 걸림돌이자 증거가 된 것이다.

라는 논문과 인터뷰들이 줄지어 나오고 있습니다.

결국, 우주 진화론자들의 증거들은 하나님의 존재를 부정하기에는 신빙성이 없다는 의심을 꾸준히 키우고 있습니다.

요한 라리에 박사는 빅뱅 이야기는 가스와 빛의 어처구니없는 상상력 넘치는 이야기로 꾸며졌다고 지적했습니다. 천체 물리학자 타이슨은 그의 전열에서 "별이 생겨서 존재하는 비밀을 알 수 있다면, 왜 별이 절대 형성 안 되는지도 설명할 수 있다."라며 빅뱅 이론을 비웃었습니다. 칼로스 프랭크는 "우리가 수백 년 별들을 연구했지만, 별들이 왜 존재하는지 아직 알 수 없다. 우리는 별 한 개의 생성 비밀도 모르면서 수백 개의 별이 생긴 이유를 알려고 하고 있다."라며 빅뱅의 과학적 근거를 비판합니다.

「뉴욕 타임스」는 빅뱅 이론은 신빙성이 없다고 지적합니다. 물리학자 콜린스와 뉴욕 타임스에서 빅뱅 이론은 별 자체가 생성될 수 없는

A. F. Ali et al, "Cosmology from quantum potential", *Physics letter B* (2015.01.06).

Universe Today, "Goodbye Big Bang, Hello Black hole?" (2015.12.23)

J. Stewart, "Some Recent evidence against the Big Bang", *Less Wrong* (2015.01.07)

The Daily Dot, "Everything we know about the big bang could be wrong" (2015.02.11)

The Telegraph, "Big Bang theory could be debunked by LHC" (2015.03.23)

John, Laurie (ED), 1976. *Cosmology, Now*, New York: Taplinger Publisher Co. p. 85.

Tyson, *Neil DeGrasse Feb. 2007*, "Death By Black Hole and Others coming", New York. p.187.

Carlos Frank, *As Quoted Rebent*, *19 March*, *2004*, "Surveys Scour the coming Deep Science", 303, 1750.

New York Times, 11 March, 2007.

방법을 설명했다고 비평합니다.[*] 미국 천체 물리학 잡지 「Astrophysics in 2000」에서는 빅뱅 이론은 현대 천체 물리학 역사상 가장 수치스러운 이론이라고 비평하면서 우주 진화론자들은 우주의 비밀, 갤럭시의 비밀을 난제로 만들어 놓았다고 했습니다.[**]

빅뱅 이론을 대하면 대할수록 밀려오는 확신이 있습니다. 인간의 한계입니다. 인간은 우주에 경계가 있는지 없는지, 얼마나 큰지 알 방법도 능력도 갖추고 있지 못한 것을 깨닫게 됩니다.

빅뱅이 사실이며 부정할래야 부정할 수 없는 이론이라고 주장하는 분들이 있습니다. 하지만 어떤 이유에서든지 하나님의 호흡 없이 우주는 창조될 수 없다는 사실을 부정하기 힘들 것입니다. 그렇습니다. 우주 창조는 하나님의 능력을 보이심으로 하나님의 존재를 보이기 위해 창조하신 것이기 때문입니다.[롬 1:20]

창세로부터 그의 보이지 아니하는 것들
곧 그의 영원하신 능력과 신성이
그가 만드신 만물에 분명히 보여 알려졌나니
그러므로 그들이 핑계하지 못할지니라(롬 1:20).

[*] Corliss, Williams, R. 1987, *Stars, Galaxies, Cosmos: A Catalog of Astronomical Anomalies, Glen Arm*, Source book Project, p.184.
[**] Trimble, Virginia, and Aschwanden, Markus J., September 2001, *Astrophysics in 2000*, Publications of Astronomical Society of the Pacific, p. 113, pp. 1025-1114.

Q.1 당신은 우주가 어떻게 창조되었다고 생각하십니까? 빅뱅으로 인해 창조되었지만 그 빅뱅의 순간을 하나님께서 만드셨다고 믿으십니까? 아니면 하나님께서 7일 동안 우주를 창조하셨다고 믿으십니까? 깊이 생각해 봅시다.

Q.2 거짓과 망상의 정의를 생각해 봅시다. 그리고 거짓과 망상의 종말은 무엇인지 생각해 보시기 바랍니다. 빅뱅은 참 진리입니까, 아니면 거짓입니까? 거짓을 계속 주장하는 것은 망상입니까, 아니면 정상적인 행동입니까?

Q.3 우주 진화론자들은 보지 못한 창조를 믿을 수 없다고 합니다. 그러면 보지 못하는 빅뱅은 믿을 수 있는 것입니까? 그들의 모습이 마치 무덤을 크게 파는 철부지 어린아이들의 우스꽝스런 모습 같지 않습니까? 왜 바로 자신들이 틀렸다는 것을 스스로 인정하고 있다는 것을 모르는 것입니까? 생각해 봅시다.

우주 창조와 성경

너, 나이가 몇 살이니? 응, 난 138억 살이야.

정말?

너, 그렇게 늙어 보이지 않는데?

너, 거짓말이지?

아마 너, 많아야 6,000살일 거야.

너, 잘 모르면 아버지께 물어 봐.

아버지,

광대하고 놀라운 우주를 만들어

아버지의 놀라운 능력을 보여 주심을 감사 드립니다.

지구가 중력을 가지고 있어

우리가 살 수 있는 환경을 만들어 주심도 감사 드립니다.

주님, 주님께서 지구를 창조하실 때,

인간을 위해 중력까지 생각해 주시고

배려를 베풀어 주심을

세상 사람들도 깨닫게 하여 주셔서

주님께 감사 드리는 삶을 살도록 구원해 주십시오.

우주를 창조하신 예수 그리스도의 이름으로 기도합니다. 아멘.

성경은 알고 있다

빅뱅이 실제 일어났을 것이라고 믿는 우주 진화론자들이 거북해 하는 이 야기를 하나 들려 드립니다. 우주의 진정한 비밀은 성경이 증명합니다. 하나님은 4일째 되던 날에 태양, 달 그리고 별을 만드셨고, 6일 만에 지구를 온전히 창조하십니다.

> 하나님이 이르시되 하늘의 궁창에 광명체들이 있어 낮과 밤을 나뉘게 하고 그것들로 징조와 계절과 날과 해를 이루게 하라 또 광명체들이 하늘의 궁창에 있어 땅을 비추라 하시니 그대로 되니라 하나님이 두 큰 광명체를 만드사 큰 광명체로 낮을 주관하게 하시고 작은 광명체로 밤을 주관하게 하시며 또 별들을 만드시고 하나님이 그것들을 하늘의 궁창에 두어 땅을 비추게 하시며 낮과 밤을 주관하게 하시고 빛과 어둠을 나뉘게 하시니 하나님이 보시기에 좋았더라 저녁이 되고 아침이 되니 이는 넷째 날이니라(창 1:14-19).

하나님은 인간을 위해서 태양을 만드셔서 인간에게 계절을 주시고 에너지를 주시고, 산소를 만들어 주시고 자기장을 만들어 대기권을 만드셨습니다. 우주 진화론자들은 아직 볼 수 없는 먼 곳에 있다고 하는 태양과 같은 쌍둥이별을 발견했다며 대단한 발견이라고 기뻐하며 자신들의 추측이 맞다고 주장합니다. 그 별의 생성에 빅뱅의 엄청난 혜택을 받은 것처럼 말하며 빅뱅이 실제로 일어난 것처럼 은근히 빅뱅 이론이 틀린 점을 살짝 소리도 없이 덮으려고 시도합니다.

하지만 우주 진화론자가 아닌 다른 과학자들은 태양과 같은 별은 우주에 없다고 주장합니다. 우주 진화론자들이 발견한 쌍둥이 태양이라 불리는 별들은 핵 전파가 너무 강해 지금 우리의 태양과 비교가 안 될 만큼 생명이 살 수 없는 양의 전파를 가지고 있다고 발표합니다. 전기장도 불규칙했다고 하고 밝기도 안 좋다고 합니다. 그러므로 그 쌍둥이 태양의 거리가 지금의 지구와 태양의 위치에 있다면 아마 인간은 이미 죽었을 것이라고 합니다. 인간에게 유익을 주는 별이 아니라 죽음을 선사하는 별입니다. 결코 쌍둥이별은 될 수 없는 것입니다.

이렇게 우주에 인간이 살 수 있게 모든 환경이 맞도록 설계하신 태양계를 주심은 은혜입니다. 우리의 태양은 하나님께서 알맞게 온도, 밝기, 거리를 조절해 주셨습니다. 빅뱅이 있었다면 지구의 축이 지금처럼 알맞은 온도와 밝기 그리고 거리를 유지하도록 가장 적당한 각도로 기울어지도록 하지도 못했을 것입니다.

하나님은 지구를 만드시던 때, 달을 만드셔서 우리에게 시간을 주시고 우리가 잠을 자서 안식을 취할 수 있도록 하셨습니다. 중력 조절도 하게 하셨습니다. 별에게 길잡이 역할도 하게 하시고 모든 별에는 형형색색 아름다운 색을 주셨습니다. 크기도 다르게 주셨습니다.^{고전 15:41} 이 모두 성경은 증거를 가지고 있습니다. 그리고 모래알처럼 머리카락처럼 셀 수도 없이 만들어 주셨다고 아브라함을 통해 이미 말씀하셨습니다.

과학은 모르고 있다

우주 진화론자들은 증명할 수 없지만, 성경은 이미 모두 증명하고 있습니다. 지구의 나이는 빅뱅 때문이 아니라 하나님께서 하시는 순간에, 지구와 태양과 같은 시간에 만들어진 것입니다. 현대 과학자들은 기존에 태양에서 나온 운석으로 나이를 측정하는 방법에 문제를 제기합니다. 운석의 연대 측정도 정확하지 않다는 것입니다. 화석의 나이 측정에도 오류가 있을 수 있다고 말합니다.

여러분의 머릿속은 너무도 당연히 "공룡은 수천만 년 된 것임"이라는 패러다임에 빠져서 정작 과학적인 증거로 취급 받아야 할 연대 측정법은 비과학으로 몰아넣고, 과학적인 증거가 단 하나도 없는 공룡의 수천만 년 연대는 사실로 믿고 계실 것입니다.

진화론자들이 제시하는 방사선 연대 측정의 방법에 C-14가 있습니다. 그런데 이 방법에 큰 오류가 있다는 것입니다. 탄소 C-14의 양이 반으로 떨어지면 5,730년이 지나간다고 주장합니다. 그런데 빅뱅 이론을 만들었을 때처럼 지금의 지구 등 별들의 운석에 남아있는 C-14량을 조사해 보면 진화론자들이 주장하는 45억 년에 아주 못 미친다는 결론에 도달한다고 합니다.

수천만 년에서 수억 년의 화석과 운석에서 나온 탄소량이 몇백 년에서 수만 년 사이에 나온 탄소량과 같다면 그 측정 방법의 신뢰성은 당연히 떨어집니다. 또한 오늘날 같은 화석의 나이가 연구소마다 다르게 나오는 결과도 신빙성을 떨어뜨립니다. 이런 이유로 측정한 지구와 화석의 나이가 빅뱅이 있은 지 38-45억 년 후라고 하는 이야기와 우주의 나이가 138억 년이라는 결론을 보며 신뢰성을 제기할 수밖에 없는 것입니다.

결국, 사이언스 데일리지도 우주 진화론자들이 "바보 같은 우주 진화론자들이 풀리지 않는 또 하나의 우주 난제를 만들었다."라고 지적했습니다.[*]

스티븐 호킹 박사 조차도 거대한 우주가 놀랍도록 정교하고 정밀하게 조정된 시스템을 갖고 있으며, 이렇게 정밀하게 조정되지 않으면 인간과 생명체는 탄생할 수 없었을 것이라고 말하기까지 했습니다. 이 때문에 호킹 박사는 "우리의 우주와 그 법칙들은 우리를 지탱하기 위해서 맞춤형으로 설계된 것처럼 보인다."[**]라고 자신도 믿을 만큼 우주는 인간이 상상할 수 없을 만큼 정교하고 정밀하게 돌아갑니다.

우주는 놀라운 하나님의 지혜를 볼 수 있는 굉장한 이론의 공간입니다. 그런데 우주를 이런 관점에서 연구하지 않아도, 과학자의 눈에 비친 우주 창조설은 빅뱅 이론으로는 설명이 불가능하다는 것을 알게 해야 합니다. 일부 과학자들의 눈에는 자신만 과학자인 것으로 알고 있겠지만, 하나님의 눈에는 우리가 길가의 개미처럼 보일 것입니다.

우주는 갑자기 어느 빛에 의해 터진 것이 아니고 하나님께서 만드신

---

[*] *Science Daily*, 4 April 2008, "Old Galaxy Sticks Together In the Young Universe".
[**] 스티븐 호킹, 『위대한 설계』.

것이며, 가스로 별들과 행성들이 만들어진 것이 아니라, 하나님께서 미리 우리를 위해 가장 살기 좋고 조화롭게 만드신 것입니다.

해의 영광이 다르고 달의 영광이 다르며 별의 영광도 다른데 별과 별의 영광이 다르도다(고전 15:41).

대저 여호와께서 이같이 말씀하시되 하늘을 창조하신 이 그는 하나님이시니 그가 땅을 지으시고 그것을 만드셨으며 그것을 견고하게 하시되 혼돈하게 창조하지 아니하시고 사람이 거주하게 그것을 지으셨으니 나는 여호와라 나 외에 다른 이가 없느니라(사 45:18).

그러므로 여러분, 우리는 하나님의 말씀에 순종해야 합니다. 하나님의 말씀을 진리로 믿고 기다리는 자들은 부끄러움을 당하지 않고 그 믿음이 사실임을 알 수 있을 것입니다.

오 디모데야, 속되고 헛된 말장난과
또 거짓으로 과학이라 불리는 것의 반론들을 피하며
네게 맡긴 것들을 지키라.
그것을 내세우던 어떤 자들이 믿음에 관하여는 잘못하였느니라.
은혜가 너와 함께 있을지어다. 아멘(딤전 6:20-21, KJV 흠정역).

Q.1 스티브 호킹 박사가 고백한 대로 우주는 마치 누가 정밀하게 설계한 것 같은 구조를 가지고 있습니다. 그렇다면 온 우주가 지금의 법칙을 지탱하기 위해 맞춤형으로 설계되었다면 누가 설계했습니까? 수많은 은하계를 설계하신 분이 누구인지 고민해 봅시다.

Q.2 당신은 우주를 통해서 하나님의 어떤 지혜를 엿볼 수 있습니까?

원숭이는
인간의 조상?

세계적 코로나19 감염으로 인해 인적이 끊긴 빌딩 옥상에서
원숭이가 연을 날리는 모습이 인도에서 카메라에 포착되었다.
그래서 진화론 과학자들은 들떴다.
원숭이가 인간의 조상인 증거라고…
그런데 내게 고민이 생겼다.
우리 집 강아지 '아루'가 두 발로 서서 걷고 잘 뛰고 점프도 잘하는데,
그러면 아루가 내 조상인가, 아니면 자식인가?

주님, 원숭이를 조상으로 믿는 진화론자들이

날로 날로 진화하여

거듭난 영혼 되게 해 주시옵소서.

나를 창조하신 살아 계신 아버지의 아들,

예수 그리스도의 이름으로 기도합니다. 아멘.

탐험가이자 신학자의 눈에 비친 생태계

어릴 때, 인간은 원숭이에서 진화했다고 배웠습니다. 과학 시간에 엉덩이의 꼬리뼈는 원숭이 꼬리가 변해서 생긴 증거라고 배웠습니다. 그래서 저는 정말 인간이 원숭이에서 온 줄 알았습니다. 그런데 어느 날, 제가 날개뼈와 날갯죽지를 가지고 있는 것을 알았습니다. 그날부터 며칠 간 고민하다가 나의 조상이 원숭이가 아니라 새였을 것을 짐작하고 원숭이를 조상으로 믿는 자들이 틀렸다고 생각했습니다.

진화론 때문에도 어릴 적에 아이들과 말싸움을 꽤 했습니다. 그런 것을 보면 저도 믿음이 꽤 있었던 것 같습니다. 아이들이 미신적이고 비과학적인 성경을 믿는다고 저를 얼마나 놀려대는지 늘 귀가 가려웠지만 저는 전혀 아랑곳하지 않았습니다.

생물 진화론자들은 DNA 배열을 통해 어떠한 생명이 진화한다고 주장했습니다. 그런데 현대 과학은 이것이 확률적으로 불가능하다고 주장합니다.

무신론의 대부 같은 과학자 캐롤 사간(Carl Sagan) 박사는 단백질 하나가 우연히 새로 생길 확률을 10,130분의 1이라고 계산했습니다. 그리고 무신론자였던 프래드 홀리(Fred Hoyle) 박사는 자신의 연구에서 생명이 우연히 발생할 확률을 $10^{40,000}$분의 1로 계산하고 스스로 너무 비과학적인 이론임을 깨달은 이들은 유신론자가 되었습니다.

많은 과학자가 진화론자들의 주장대로 생명체가 어찌 어찌 생겼더라고 믿어 준다고 하더라도, 그 생명체가 새로운 형태의 단백질을 우연히 가질 확률은 없다고 봐야 한다는 것입니다. DNA가 모든 메시지를 가지고 유전을 통해 태어나 무작위로 생겨난 변이가 단백질의 기능을 없앨 가능성이 새로운 기능을 가진 단백질을 만들 확률보다 극도로 더 높기 때문입니다. 이는 마치 눈감고 자판기를 두드려 무작위로 프로그램을 만들 수 있다고 가정하는 것과 같다는 것입니다.

다윈이 신학교를 졸업하고 비글리호라는 배를 타고 5년간 여행하며 생물 수집을 하던 초창기, 그는 갈라파고스섬의 동물이 잘 보존되어 있는 것을 믿고 한 종에서 모든 것이 나왔을 것이라는 생각을 가지게 됩니다. 또한 그는 경쟁에서 이긴 개체들이 자연적으로 선택된다고 하는 '자연 선택설'을 만들어 냅니다. 그리고 한 종에서 적응해 가면서 다양해진다고 생각했습니다. 훗날 그는 지금의 동물들의 변형을 주장했습니다.

이에 기반을 두고 태동된 진화론은 생존 경쟁에 의해 유리한 자가 살아 남는다고 주장하기 시작했습니다. 그러나 아직도 '생존 경쟁 법칙' 같은 것은 없습니다. 더 나아가 생존 경쟁을 말할 때는 같은 종끼리의 싸움을 이야기하는데 일반적인 과학계는 종의 변화가 진화와는 상관이 없다고 말합니다.

그는 과학에 대해 지식이 없던 자였습니다. 그가 자신의 생물 수집과 관련하여 책을 발표했을 때, 세상은 전혀 과학의 지식이 없는 그의 생각을 10여 년 동안 과학으로 인정하지도 않았습니다. 과학계는 다윈을 채집가로만 인정했지 학문적 깊이는 없었기에 신경도 쓰지 않았습니다. 그러나 훗날 교회로부터 독립을 원하는 과학계는 출판계의 이익을 보장해주며 다윈을 이용합니다. 이렇게 여행을 좋아하고 수집을 좋아하던 찰스 다윈은 유명한 과학자로 둔갑하게 되었고, 오늘날 과학자들이 그를 인정하는 것은 반전, 아니 "모순"이라고 볼 수 있습니다. 하지만 과학적 지식이 없었던 다윈의 진화론은 결국 많은 허점을 지니고 있습니다.

○●○

진화론의 난제

신학도요 여행을 좋아하던 찰스 다윈이 쓴 여행 일기의 도움으로 영국 과학계는 교회로부터 완전히 독립할 수 있는 명분과 동등한 힘을 가지게 됩니다. 정치적 기반을 구축한 과학계는 진화론의 중심 골자인 '생존 경쟁 법칙' 등을 첨가하면서 진화론의 기초 이론 성립에 박차를 가합니다.

그러나 그럴싸한 말로만 성립된 그들 이론의 허점이 과학의 발전 앞에서 드러나기 시작합니다. 현대 과학은 DNA에서 유전 정보가 생물학적으로 지속해서 감소하고 있음을 발견하게 됩니다. 즉 진화론자들이 진화의 증거로 내세우는 변이의 조건인 정보가 증가되는 것이 아닌, 반대로 정보가 아주 미량으로 조금씩 감소되고 있다는 연구 결과입니다. 이는 진화가 아닌 퇴화의 증거라는 현대 과학의 이론을 뒷받침하는 것입니다.

창조과학회 생명과학연구소 김명현 박사는 또 다른 진화론의 난제를 지적합니다. 진화론에서는 어류가 변해서 양서류가 되었고, 거기서 또 변해서 파충류가 되었고, 또 변해서 파충류(도마뱀)에서 포도류(쥐)와 조류(새)로 갈렸다고 가르칩니다. 그런데 박쥐는 쥐에서 박쥐가 되었다고 할 때 쥐와 박쥐가 되는 과정의 중간 단계가 필요한데, 그 중간 단계 없이 박쥐가 되었다고 합니다. 그것을 믿을 수 있겠느냐고 묻습니다. 상식적으로 생각해도 중간 단계 없이 결론만 내면 조작할 수 있다는 생각을 지울 수 없어 신뢰성이 당연히 떨어집니다. 누가 믿을 수 있을까요?

김 교수는 중간 과정 없이 결론을 믿기 위해서는 우리가 예수님을 창조자로 믿는 믿음보다 더 큰 "믿음"이 필요하다고 주장합니다. 진화론은 믿음으로 생긴 과학이라는 것입니다. 그렇다면 믿음으로 구원도 믿어야 할 텐데, 그들은 오직 중간 단계 없이 생물들이 진화했다고 하는 것만 믿는다는 것은 우스운 이야기가 아닐 수 없습니다.

다시 한번 짚어 봅니다. 진화론을 증명하려면 전 세계에 중간 단계의 쥐가 수없이 많이 있어야 진화론의 적자 생존과 자연 선택과 같은 논리가 적용될 수 있다는 것입니다. 당연한 이야기입니다. 그런데 쥐나 박쥐는 많은데 중간 단계의 동물이 없다면 이는 당연히 신빙성이 떨어집니다. 현실은 어떻습니까? 삼척동자도 알고 있듯이 진화론의 증거는 전 세계에서 발견된 화석 중 가장 오래된 것이라 발표한 박쥐 화석이 유일합니다. 유일한 발견, 둘도 아니고 하나, 혹시 몇 개가 있는지는 모르겠습니다. 그러므로 현대 과학은 여러 이유를 들어 박쥐가 진화론의 중간 단계가 아니라는 증거라고 믿습니다.

한 가지 더 화석에 관한 이야기를 덧붙입니다. 과학자들은 또 현존하는 동물의 80%의 화석을 발견했습니다. 그런데 마지막 형태의 화석들은 오래된 화석으로 발견되는데 그것을 연결해 줄 중간 단계의 화석들은 찾을 수 없었다고 합니다. 진화론이 진리라면 증거할 수 있는 연결 고리의 동물이나 화석들이 비교할 수 없을 만큼 많아야 하는데 결과의 화석만 있고 나머지는 없다는 것은 두 가지 결론을 가져옵니다. 둘 중 하나가 거짓말이거나 이론이 틀렸다는 것입니다.

그렇다면 진화론이 주장하듯이 원숭이가 인간의 조상인 것처럼 '한 조상'을 가지고 있다는 것은 틀린 학설이 됩니다. 이 둘 사이에서 결론은, '연속적으로 진화해 가는 중간 단계 증거'가 없는 진화론은 신빙성이 없다는 것입니다. 결국, 과학적으로 진화론이 주장하는 한 조상을 가지고 있다는 것은 틀렸음을 증명하게 됩니다.

진화론자들은 창조론 및 하나님께서 인간을 설계하심을 믿는 것은 비과학적이기에 틀린 것이라 비웃습니다. 하지만 상식이 있는 사람이라면 누구나 진화론 자체가 관찰과 검증이 안 되는 비과학적이라는 것을 알 수 있습니다.

창조는 '초자연적'입니다. 진화론의 주장에 따르면 하나님은 볼 수 없기 때문에 창조와 지적 설계는 과학으로 간주될 수 없다고 합니다. 동일하게 진화론 역시 볼 수 없고 관찰도 못하고 검증도 안 되고 증거도 없는 이 상황에서는 과학이 비과학적인 진화론을 과학으로 간주하지 못하고

★ 지적 설계와 창조론의 차이: 우주와 인간이 누군가에 의해 설계되었다고 믿는 부분에서 공통점이 있으나 지적 설계를 주장하는 사람들은 그 설계자가 하나님이신지 무엇인지 밝히지 않고 있지만, 창조론자들은 그 지적 설계자가 바로 하나님이심을 밝히고 있는 점에 크게 다르다.

옹호할 수 없는 상황이라는 것이 현대 과학의 주장입니다.

우주와 생명의 기원은 실험으로 입증되거나 관찰될 수 없습니다. 창조론과 진화론 모두 받아들여지기 위해서는 어느 정도의 믿음을 요합니다. 그런데 창조론보다 진화론을 믿는 믿음이 더 커 보입니다. 다시 말하면, 믿을 수 없는 것을 믿기 위해서는 더 큰 믿음이 필요하다는 뜻입니다.

우리는 정화수를 떠 놓고 산속의 돌과 할머니와 해와 달 등에게 소원을 비는 행위를 미신이라고 합니다. 국어 사전은 미신을 과학적 관점에서 헛된 것으로 여겨지는 믿음이나 신앙을 일컫는 말이라고 설명합니다. 또 마음이 무엇에 끌려서 잘못 믿는 것 또는 아무런 과학적 근거도 없는 것에 대한 맹신을 의미한다고 사전에 나와 있습니다. 그런데 신기하게도 진화론을 믿는 많은 과학자가 점을 치고 불교와 유교도 믿습니다. 그러나 기독교는 안 됩니다. 이것은 세계 불가사의한 일 중의 하나일 것입니다.

진화론은 "과학"이란 정의에 들어맞지 않습니다. 순전히 무신론적 진화론을 옹호하는 과학자들은 대개 그들의 비논리적이고 편협한 '과학'이란 정의에 들어맞지 않는다는 이유로 타당한 창조설을 무시하려 합니다.

성경은 "어리석은 자는 그의 마음에 이르기를 하나님이 없다 하도다(시 14:1, 53:1)."라고 말합니다. 성경은 또한 창조주 하나님을 믿지 않는 자들은 아무런 핑계를 댈 수 없다고 선포합니다.

창세로부터 그의 보이지 아니하는 것들 곧 그의 영원하신 능력과 신성이 그가 만드신 만물에 분명히 보여 알려졌나니 그러므로 그들이 핑계하지 못할지니라(롬 1:20).

성경에 따르면, 하나님의 존재를 부인하는 사람은 어리석은 자입니다. 어리석음은 지식의 부족을 의미하지 않습니다. 진화론을 믿는 대부분의 과학자들은 지능적으로 명석한 사람입니다. 어리석음은 지식을 적절하게 적용하지 못하는 무능을 가리킵니다.

여호와를 경외하는 것이 지식의 근본이거늘
미련한 자는 지혜와 훈계를 멸시하느니라(잠 1:7).

점검할 내용

Q.1 인간은 누군가에 의해 설계되었다고 믿는 이들이 있습니다. 그런데 그 설계자가 우주인인지 알라나 제우스나 누구인지 모르지만 어떤 설계자가 있다고 믿는다고 합니다. 일부 과학의 깊은 영향을 받은 청년들은 지적 설계론도 믿고 하나님의 존재도 믿는다고 합니다. 어떻게 생각하십니까?

Q.2 당신은 진화론을 믿을 수 있습니까? 믿을 수 있다면 왜 믿는지, 믿지 못한다면 왜 믿지 못하는지 자세히 설명해 봅시다.

블랙홀, 하나님이 계시지 않는 증거?

현대 사람들의 블랙홀을 이렇게 표현하고 있다.
공허하나 가득하고, 멀리인 듯 가까이에,
순간이나 영원이며, 미진하나 존귀하다.

성령님, 과학자들이 저 신비한 우주와 오묘한 자연을 바라보면서

하나님을 의식할 수 있도록 함께해 주십시오.

내면 깊은 곳에서 우러나오는

하나님에 대한 동경심과 경외감을 드러내도록

지성에 영향을 받은 다음 세대들의 마음을 열어 주십시오.

이렇게 과학을 대하는 세상이 하나님의 위대하심에 대한

피조물들의 예의를 표할 수 있도록

지성에 둘러싸인 우리의 다음 세대 영혼에 임재해 주시길 소망합니다.

예수 그리스도의 이름으로 기도합니다. 아멘.

옛날

시골 하늘에 펼쳐진 셀 수 없이 많은 별을 평상에 누워서 본 적이 있습니다. 그때 그 별이 내 마음을 희망으로 가득 채웠습니다. 그 순간이 그렇게 좋았습니다. 정말 많이 있었습니다. 40년이 지난 요즘, 그때 그 감동을 못 잊어 그 설레던 마음을 안겨 주었던 별을 로키산 꼭대기에서 사진에 담고 있습니다. 볼 때마다 초롱초롱하고 영롱하게 빛나는 셀 수 없을 만큼의 수많은 별이 그저 신비롭기만 합니다.

감사하게도 현대 과학이 발전해서 그 별을 나 대신 세어 주었습니다. 우주에는 갤럭시가 2조(2,000,000,000,000)개 있고, 각 갤럭시마다 1억 개(1,000,000,000)의 별이 있다고 합니다. 종합해서 전체 별의 수가 $2×10^{22}$개 있다고 밝혀졌습니다.

엄청나게 광대한 우주입니다. 그런데 이 별들을 일일이 센다면 세기 위해서 약 3억(317,000,000) 광년이 걸린다고 합니다. 데이트를 하다가 별을 세어서 연인에게 주려면 3억 년이 필요한 것입니다. 하나님은 정말 위대하신 분이심을 이것 하나만으로도 증명되고도 남습니다.

성경은 하나님께서 별들을 세기도 하시고 이름도 아신다고 했습니다. 과연 우주 진화론자들은 $2×10^{22}$개의 별의 이름을 알 수 있을까요? 세는 시간만도 317,000,000,000,000년이 걸린다고 하는 데 말입니다.

그런데 하나님은 세고 계십니다.

그가 별들의 수효를 세시고 그것들을 다 이름대로 부르시는

도다(시 147:4).

그럼에도 불구하고 우주 진화론자들은 하나님의 그 광대하심 속에서도 하나님이 안 계신 증거를 찾고 있습니다. 별이 많은 것도 광대하지만 그 별들을 순식간에 흡수해 버리는 블랙홀도 한 개가 아니라 1억 만 개가 있다고 하면 믿을 수 있을까요?

물리학자 킵 손 박사가 영화 "인터스텔라(Interstellar)"에 참여한 적이 있습니다. 그는 그 영화 속 블랙홀의 컴퓨터 그래픽 제작에 참여했습니다. 그리고 그는 그 영화에 나오는 '웜홀 타임머신'이란 아이디어를 제공하고 연구하다가 거기서 영감을 얻어 빛조차도 빨아들이는 자신의 블랙홀 연구를 완성하게 됩니다. 영화 "스타게이트(Stargate)"처럼 일종의 시간 여행을 할 수 있는 개념을 가진 이론입니다.

이 영화는 단순히 우주 여행을 주제로 한 범상한 공상 과학 액션물에 멈추지 않고, 상대성 이론 등 현대 물리학을 접목하여 많은 공을 들인 영화입니다.

인류가 멸망해 가는 시점에서 인간이 멸종되지 않고 살 수 있는 행성을 찾아 부활한 나사렛의 의미를 가진 '나사렛 미션'이라 이름을 붙이고 12명의 우주 비행사를 우주에 보냅니다. 그런데 이들이 다녀올 행성들이

블랙 홀과 화이트 홀: 블랙홀이 사건의 지평선을 지나는 그 어떠한 것이라도 다 빨아들이는 진공청소기와 같은 역할을 하는 반면, 화이트홀은 자신의 사상의 지평선으로부터 물체를 뱉어낸다. 화이트홀은 웜홀(아인슈타인-로젠의 다리) 때문에 블랙홀의 반대 개념으로 생겨난 이론상의 천체이다. 블랙홀이 물질을 집어삼키면 웜홀을 통해 반대편으로 나와야 한다는 생각에서 생겨난 것이 화이트홀이다.

너무 멀어 타임머신 개념의 가상 공간 '웜홀'을 통과해서 그 행성을 찾아 갔다 오는 동안 벌어지는 과학자의 배신, 거짓 그리고 아버지와 딸의 사랑 이야기를 다루었습니다. 물론 주제는 이런 배경 속에 인류를 구하는 메시지를 가지고 온다는 영화입니다. 사랑이라는 모티브를 중력과 시간의 묘한 관계로 연관 지어 과학의 심오한 주제를 설정하는 독특한 메시지를 가지고 있습니다.

얼핏 보면, 사랑과 중력과 시간의 관계를 과학적으로 그린 영화로 웜홀에 관한 과학 영화라 생각할 수도 있게 만들었습니다. 하지만 스토리를 보면 '웜홀'을 만든 이가 하나님이 아닐까 하는 복선도 주는 묘하게 기독교적 색채도 띠는 영화입니다.

'웜홀'이란 '블랙홀'과 반대되는 화이트홀이란 가상의 문을 연결하는 통로입니다. 이 이론은 중력과 시간이라고 하는 설정이 필요한데 그 모든 과학 이론을 조언하던 킵 손은 영화에서 영감을 얻어 관련 연구를 계속합니다. 그리고 그는 레이저 간섭에 의한 중력파 관측의 아이디어를 낸 공로로 2017년도 노벨 물리학상을 받았습니다.

피조물 중 하나님을 의식하는 유일한 존재는 바로 인간입니다. 아름다운 지구와 태양계 그리고 수많은 은하계의 별들은 하나님의 신기하고 놀라운 능력을 보여 줍니다. 또한, 지구의 수천만 가지의 생물은 오늘도 그들의 호흡을 통해 위대하신 하나님을 찬양하고 있습니다. 인간은 이러한 우주의 질서와 자연의 아름다움을 통해 하나님의 커다란 손길을 느끼게 됩니다.

그러나 하나님의 그 크신 능력에 비해 피조물인 인간은 너무나 무능하고 연약합니다. 앞에서도 언급했지만 2019년 4월 19일 과학자들은 실제 블랙홀을 발견하고 흥분했습니다. 강력한 중력과 밀도 때문에 빛마저도 빠져나올 수 없고 시간이 멈춰 버린다는 블랙홀을 발견하고 일부 우주 진화론자들은 두 가지가 밝혀질 것이라 기대했습니다. 첫째, 과거와 미래를 알 수 있고, 둘째, 하나님의 존재를 부정할 수 있는 증거입니다.

그들은 블랙홀 안에서는 시간이 멈춘다는 것을 발견했습니다. 블랙홀 주변에서 시계들이 느려지다가 중앙에서는 시간이 멈추는 것입니다. 시간이 멈추는 그곳에는 하나님이 계시지 않습니다. 그 공간을 이용하여 하나님의 존재를 부정하려는 아이디어를 만들어 냅니다.

과학자들은 블랙홀이 모든 질량을 빨아들이면 반대편에 모든 질량을 빼어내는 홀이 있을 것이라는 추측으로 화이트홀 이론을 만들었다고 앞에서 소개했습니다. 그리고 과학자들은 그 사이를 연결해 주는 홀이 있는데 그것이 '웜홀'이라는 가상의 통로를 만들고 반드시 있을 것이라고 확신하고 있다고 했습니다.

그래서 그들은 그 기술을 도입해 원하는 과거와 미래를 오갈 수 있다고 믿고 있습니다. 한발 더 나아가 과학자들은 빅뱅 이전도 알 수 있다고 믿는 것입니다. 하나님 없이 지구가 만들어진 비밀을 알면, 하나님의 존재가 없다는 것의 증거가 될 수 있다는 희망 때문에 화이트홀이나 웜홀을 찾기 위해 더 집착하게 됩니다.

상대성 이론에 의하면 웜홀 출입구 중 한쪽을 빛에 가까운 속도로 이동시키면 그 출입구의 시간 흐름이 다른 한쪽 출입구보다 늦어진다. 이 웜홀을 이용하면 과거로 가는 시간 여행을 할 수 있다.

영화 "인테스텔라"에서 소개된 가상의 개념인 '웜홀'을 기억합니다. 우주 공간에서 블랙홀과 화이트홀을 연결하는 통로를 말합니다. 그러나 현대 물리학에서 이론적으로 시간 여행은 불가능하다는 것이 정설입니다. 스타 게이트는 하나님께로 갈수 없는 문입니다.

시간 여행의 통로가 될 수 있는 웜홀은 음의 질량을 가진 가상의 이상 물질(exotic)이 있어야 합니다. 그러나 만에 하나 이것이 충족되더라도, 스티븐 호킹에 의하면, 양자 요동(quantum fluctuation)에 의해 웜홀은 생기자마자 파괴된다고 주장합니다.

일부 과학자들은 블랙홀은 신이 없는 세상을 증명하는 우주 공간이라고 확신합니다. 블랙홀 주변은 시간이 느려지기 때문에 그 안으로 들어가면 시간은 멈춰진다고 믿습니다. 너무도 큰 중력으로 시간이 존재하지 않는다는 것입니다. 결국 그 이론대로 추측해 보면, 이론상 빅뱅 순간에 '시간'은 존재하지 않았고, '시간'이 존재하지 않다는 것은 '하나님'이 존재하지 않았다는 결과를 끌어내게 합니다. 그러나 이 학설은 실험을 할 수도 없는 추측에 불가합니다. 다시 말해서, 말로만 할 수 있는 이야기라는 것

당시 과학자들은 웜홀이 유지될 가능성이 있다고 생각하면서도 현실적으로 유지되기 어렵다는 결론에 이르게 된다. 1990년, 킵 손은 김성원(이화여대 교수)과 계산한 결과 진공 요동 광선이 웜홀을 파괴할 정도로 강해질 수 있다는 결과의 도출로 앞서 스티븐 호킹의 이러한 견해에 확실성을 준 것이다.
웜홀이 파괴되는 원인은 베르너 하이젠베르크의 불확정성 원리의 영향 때문이다. 실제로는 우주의 한 지점에서 에너지 양의 일시적 변화가 에너지와 시간은 에너지 보존의 법칙에 위배된다는 것이다.
여러 실험을 통해 1990년대 스티븐 호킹과 킵 손의 웜홀에 대한 한시적인 결론은 다음과 같이 내려 졌다. "모든 웜홀은사람들이 그것을 작동시키려는 바로 그 순간 순환하는 진공요동에 의해 스스로 파괴될 것이다."
https://www.injurytime.kr/news/articleView.html?idxno=12199

입니다.

그래서 스티븐 호킹은 빅뱅 이전에 '시간'이 없었으니 신이 당연히 존재하지 않았다고 주장했던 것입니다. 이 때문에 기독교 과학자들도 영향을 받아 빅뱅이 일어나서 천지가 창조되었고 진화가 시작했다고 믿기 시작했습니다.

사실 킵 손 박사도 최근 들어 더 열심히 블랙홀 관련 연구에 빠졌습니다. 그는 강한 중력과 같은 개념의 1미터의 웜홀을 만들면, 그곳 역시 시간이 멈춘 공간이 생긴다고 믿고 그 이론을 설계 중입니다.

킵 손 박사는 그곳에 빨려 들어가기만 하면 시간 이동이 가능하리라 믿는 것입니다. 그러나 웜홀을 유지하기 위해서 엄청난 에너지가 필요하기 때문에 불가능하다는 결론을 지었습니다. 실제로 블랙홀과 연결된 1미터 정도짜리 웜홀을 만들기 위해서는 "현존하는 태양이 10억 광년 동안 만들어 내야 하는 에너지가 충전되어야만 비로소 블랙홀이 작동할 수 있다."라는 것입니다. 다시 말해 현실에서는 불가능하다는 뜻입니다. 과학은 하나님의 존재를 부정할 수 없습니다.

웜홀을 과학적으로 예언한 선구자는 아인슈타인이다. 아인슈타인은 미국으로 이주한 지 2년 후인 1935년 제자 네이던 로젠과 함께 '아인슈타인-로젠 브리지(Einstein-Rosen Bridge)'를 발표했다. 아인슈타인-로젠 브리지가 바로 일반 상대성 이론의 중력장 방정식에서 도출된 웜홀이다. 블랙홀 두 개의 특이점이 서로 연결된 모습이다. 웜홀에 대한 학술적인 연구는 반세기 후 본격화되었다. 바로 중력파 연구로 2017년 노벨 물리학상을 수상한 킵 손에 의해서다.

영국 케임브리지대학의 아론 월(Aron Wall) 교수는 "우리도 이전 연구에서 통과할 수 있는 웜홀의 존재 가능성을 확인했으나 웜홀을 만드는 방법은 제시하지 못했다."면서 "캘리포니아대학교 왕 교수팀도 웜홀을 만드는 방법까지 제시했지만, 실효성이 없지만, 가설을 만들었다는 점에서 진일보된 연구"라고 평가했다. 킵 손 박사는 2017년에 노벨상을 받은 후, 자신의 학설이 현실로는 불가능하다고 스스로 밝혔다.

그럼에도 불구하고 정말 이 지구가 하나님의 손에 의해 만들어진 것이 아니라고 믿는 이가 많다는 것은 안타까운 현실입니다. 하지만 블랙홀은 하나님이 계시지 않은 증거가 아니라, 반대로 그분께서 현존하신다는 증거입니다. 블랙홀을 만드신 이가 하나님이시기 때문입니다.

"인터스텔라" 영화 속에서 인간 재앙의 원인과 해결 방법을 찾기 위한 여정을 시작합니다. 그 영화 속에서 의미 심장한 대사가 나옵니다. 인간이 땅만 바라본다는 것입니다. 그 뜻은 인간이 하나님은 하늘에 있으니 하늘을 바라보라고 합니다. 이는 "여러분은 땅에 있는 것들을 생각하지 말고, 위에 있는 것들을 생각하십시오(골 3:2, 표준새번역)."라고 한 사도 바울의 말씀을 기억하게 합니다.

모두 땅의 현실만 바라보고 있습니다. 우주의 창조자이신 높은 뜻을 바라보지 않습니다. 인간에게는 능력이 없지만 우주를 창조하시고 블랙홀을 디자인하신 하나님은 시간을 사용하시고 통제하실 능력을 가지고 계십니다. 그래서 하늘을 바라보라는 메시지입니다.

인간은 지성이 가져다 주는 모든 것이 하나님의 복이고 하나님의 선물로 생각하지 않습니다. 하나님의 복으로 하나님의 존재를 지우는 데 애쓰려고만 합니다. 하지만 그들은 과거와 미래를 오가면 영원히 하나님이 필요 없을 것이라고 믿고 연구에 희망을 가지고 있습니다.

하지만 하나님 나라에서 인간은 자신의 미래를 만들지도 못하고 결정짓지도 못하고, 바꾸지 못할 뿐만 아니라, 한치 앞의 미래도 내다볼 수 없는 초라한 존재입니다. 하나님의 개입하심 없이 우린 한걸음도 갈 수 있는 길이 없습니다.

주의 손가락으로 만드신 주의 하늘과

주의 베풀어 두신 달과 별들을 내가 보오니 …

여호와 우리 주여 주의 이름이 온 땅에 어찌 그리 아름다운지요

주의 영광이 하늘을 덮었나이다(시 8:3,1)

─────────(점검할 내용)─────────

Q.1 혹시 과학적으로 블랙홀이 존재한다면 하나님은 과연 그곳에는 안 계
십니까? 혹시 진공 청소기로 먼지를 빨아들이듯 큰 진공 청소기를 만
들어 집까지 빨아들이는 기계를 만들었다고 가정하면 그 안에는 하나
님께서 존재하지 않으십니까? 웃지 말고 심각하게 생각해 봅시다.

Q.2 스타게이트는 구원으로 인도할 수 있는 문이 아닙니다. 그럼 당신을
영원한 생명으로 인도할 수 있는 문은 무엇입니까?

인공지능 사피엔스 시대의
새로운 신, 퀀텀 물리학

우주는 신이 설계하지 않았다.

_ 스티븐 호킹

주님, 주님께서 나의 주님이 되어 주심을 감사 드립니다.

제가 호모 데우스가 되지 않도록 늘 보호하여 주옵소서.

예수님의 이름으로 기도합니다.

아멘.

영화 "앤트맨" 이야기를 한 번 더합니다. 이 영화의 가장 큰 매력은 신체 크기를 자유자재로 변형할 수 있다는 것입니다. 이런 능력을 발휘할 수 있는 이유는 영화 속 1대 앤트맨이자 와스프의 아버지인 행크 핌 박사가 '핌 입자'라는 것을 개발했기 때문이었습니다. 이것은 물체의 크기를 자유자재로 조절하는 능력을 갖춘 입자입니다.

주인공인 스콧 랭은 집채처럼 커지기도, 티끌만큼 작아지기도 하면서, 거시(巨視) 세계에서 갑자기 미시(微視) 세계, 즉 아주 작은 세계인 양자 영역으로 들어가기도 합니다. 영화를 퀀텀 물리학(Quantum physics, 양자 역학)의 아이디어로 만든 것입니다. 실제로 도달할 수 없는 공간에 크기를 줄였다 늘렸다 하며 나타나서 악당을 물리치는 이야기 전개는 흥미롭습니다.

핌 입자는 이 원자핵과 전자 사이를 늘렸다 줄였다 할 수 있는 에너지를 가진 입자입니다. 그래서 그 공간을 순간 늘려 버리면 거인이 되는 것이고 줄이면 몸속 안으로 들어갈 정도로 작아지기도 한다는 이론입니다.

우주 물질의 최소 단위인 양자로 보는 퀀텀 물리학을 기반으로, 거시 세계가 아닌 원자 이하의 미시 세계를 탐구할 수 있는 엄청난 이론이 되는 것입니다.

퀀텀 물리학은 우주 진화론자들과 생물 진화론자들, 즉 무신론 진화론자들의 최후 도전일 수도 있습니다. 그래서 현대인들은 이 이론으로 나노 공정보다 더 작은 컴퓨터 칩을 만드는 것처럼 많은 생활 과학과 인체 과학에 적용할 수 있을 것으로 기대를 모으고 있습니다.

퀀텀 물리학의 기본은 이런 것이지만 그것이 전부는 아닙니다.

다윈의 진화론과 대립되는 퀀텀 생물학의 태동

하나님의 존재를 부정하기 위해 도구로 사용하려던 기대와 달리 진화론을 부정하는 퀀텀 물리학의 출현 때문입니다. 이 학문은 훗날 빅뱅 이론과 진화론 이론 그리고 상대성 이론의 뒤를 이어 무신론의 새로운 무기가 됩니다. 새로운 과학을 이용해 자신들의 허구를 인정받을 수 있는 기회로 활용하려다가 오히려 큰 발목을 잡히게 된 결과가 되었던 것입니다.

퀀텀 물리학을 설명하기가 쉽지 않지만 핵심 이론 중 하나는 슈뢰딩거라는 과학자의 고양이 상자를 통해 연구한 "양자 중첩론"으로, 이를 좀 살펴보아야 합니다. 이 연구를 "결과 중첩론"이라고도 부릅니다.[*]

★ 사실 '슈뢰딩거의 고양이 상자 실험'은 보어의 학설을 반대하기 위해, 양자 이론을 부정하기 위해 연구했다. 하지만 보어는 이 학설을 오늘날의 퀀텀 물리학을 증명하는 기반으로 사용함으로 퀀텀 물리학(양자 역학)을 이해하는 데 큰 도움을 주는 결정적 기초 연구가 되어 버렸다. 실험의 내용은 이렇다. 고양이 한 마리와 청산가리가 함께 들어 있는 유리병, 방사성 물질 라듐, 방사능이 얼마나 떠다니는지 측정하는 장비(계수기) 그리고 망치를 한 상자에 넣는다. 상자는 외부 세계에 차단돼 있고, 밖에서 내부를 볼 수 없다. 만일 방사성 원소 라듐이 붕괴하면 계수기가 이를 탐지하고 연결된 망치가 떨어져 독약을 깨도록 설치가 되어 있다고 한다. 여기 슈뢰딩거는 묻는다. "1시간이 지났을 때, 그 안의 고양이는 어떤 상태로 존재하는가?" 여기부터 퀀텀 물리학의 이론이 나온다. 라듐이 붕괴할 확률은 1시간 뒤 50%이다.
아인슈타인은 보어의 슈레딩거 실험을 부정했다. 그리고 보어의 슈러딩거 실험 이후 그의 양자역학의 불확실성을 비꼬았다. 그래서 아인슈타인은 "신은 주사위 놀이를 하지 않는다."라고 말했고, 보어는 "신이 주사위 놀이를 하든 말든 당신이 상관할 바 아니다."라고 응수했다고 한다. 양자론은 자연 현상을 일정한 수준에서는 바르게 표현하고 있지만, 완전하지 않기 때문에 확률이라는 생각으로 시작할 수밖에 없다. 즉 자연 현상은 어떠한 물리량으로 결정되어 있다는 아인슈타인의 생각과 상반되는 양자론은 그의 입맛에 맞을 수 없었다.

이 실험을 했던 슈뢰딩거는 실험 도중 "생명은 무엇인가?"라고 하는 의문을 세상에 던집니다. 그리고 그의 의문은 DNA를 발견한 클릭에 의해 퀀텀 생물학을 출발시킵니다. 흥미로운 것은 퀀텀 생물학은 어떤 면에서 진화론을 비판하면서 시작한다는 점입니다.

그들은 생명의 뿌리는 뉴턴 고전 역학의 표층에서부터 열역학을 관통해 시작되고 퀀텀 물리학의 기반으로 생명의 기능이 움직인다고 주장합니다. 그래서 생명은 퀀텀 물리학의 중첩과 얽힘과 광합성 작용에 의해서만 작동할 수 있다고 주장합니다.

그런 양자 규칙에 영향을 받는 양자 유전자의 변이는 10억 분의 1보다 작을 정도로 유전 법칙에 의존한다고 합니다. 하지만 그들의 주장이 진화론의 유전자 변이 등 적자 생존 이론 등에서 상당히 대립하는 부분이 있다는 것은 걸림돌입니다.

○●○

호모 데우스, 신이 된 인간

퀀텀 생물학자들의 최종 목적은 퀀텀 물리학을 이용해 인간을 초월하는 인공지능을 만들어 스스로 호모 데우스(Zeus), 즉, 신이 되려는 것인데, 우리는 그 욕망에 빠져 있다는 사실을 알게 됩니다. 스스로 모든 인공 지능에 필요한 중요한 인공 DNA를 만들겠다는 것입니다. 이를 사용해서 생각하고 행동하는 사람도 동물도 만들어 사회에 공헌하는 것입니다.

의도가 좋은 것 같지만 사실 매우 위험한 생각입니다. 인간이 하나님이 될 수 있기 때문입니다. 물론 그렇다고 퀀텀 생물학자들은 호모 데우스에 인간들과 똑같은 생명의 설계도인 DNA까지 절대 만들지는 못할 것입니다.

인간은 지식이 발달하면서 과거 그 어느 때보다 안전한 환경에서 삽니다. 층간 소음 때문에 스트레스를 받을 수는 있지만, 비바람에 천장 자체가 날아가거나 비를 맞을 염려는 하지 않습니다. 휴가를 내고 캠핑을 가지 않는 이상, 밤하늘을 보면서 잠을 잘 일도 없습니다. 원시인들은 매일 밤이면 비바람을 피할 동굴을 찾아다녀야 했고, 태풍이 부는 날이면 엄청난 자연의 힘 앞에 압도되어 공포심을 느꼈을 것입니다. 하지만 이제 그것은 먼 과거의 일이 되었습니다.

이 모든 것이 지구상에서 가장 큰 영향력을 지닌 생명체인 인간이기 때문에 만들어 낼 수 있었던 것은 사실입니다. 인간은 지구상의 다른 동물이 흉내조차 낼 수 없는 문명을 인간의 지적 능력이 있어 가능하게 했습니다.

인간은 이성적 사고를 합니다. 이성적 사고는 인간과 여타 동물을 구분 짓는 가장 중요한 특징입니다. 동물은 본능대로 살지만 인간은 추구하는 것을 찾아 추구하며 삽니다. 인간은 그들 앞의 세상을 이해하기 위해 노력합니다. 그뿐만 아니라, 이해한 것이 논리적으로 합당한지 끊임없이 검토하고 확인합니다. 그리고 인간은 믿는 대로 행동합니다.

위의 내용은 유발하라의 『호모 데우스—신이 된 인간』이라는 책의 내용입니다. 인간은 스스로 굶주림과 전쟁 그리고 전염병과 같은 불행으로부터 모두 행복을 얻을 수 있는 방법을 추구하게 될 것이라는 말입니다. 이

것이 인간 자신을 "데우스(Theos)", 즉 라틴어로 신의 지위를 얻길 원할 것이라는 내용입니다.

퀀텀 물리학자들과 퀀텀 생물학자들 그리고 현대 무신론 과학자들은 인공지능을 개발하여 인류 개발과 문명에 획기적인 이바지를 한다는 의미도 있겠지만 막강한 신처럼 초능력과 같은 힘을 가진 인간이 되겠다는 숨겨진 의도 또한 가지고 있습니다. 신이 되겠다는 것입니다.

그중 가장 핵심에 서 있는 분야가 퀀텀 물리학을 이용한 생명 공학이고 인공지능입니다. 퀀텀 생물학은 인간의 동물적 특성을 맘껏 만들고 통제한다는 것입니다. 수명도 연장하고 신체 기능을 향상하고 반대로 때론 억제도 시킬 수 있는 힘을 가진다는 것입니다. 그런데 그 일을 인공지능이 스스로 인간처럼 생각하고 판단해서 행동한다는 것입니다.

유발하라는 인공지능으로부터 받을 재앙도 생각하며 이야기를 전개하고 인간이 도구가 될 것이라는 지적도 합니다. 인간들이 가지고 있는 교만함도 고발합니다. 그러면서 미리 인간이 약한 상대를 도구로 이용하지 않는 연습부터 하라는 경고도 곁들였습니다.

퀀텀 물리학으로부터 시작된 퀀텀 생물학자들은 의도하지 않았다 할지라도 스스로 신이 되어 버렸습니다. 하나님의 존재를 부정하고자 하는 목적이 궁극적으로 자신들이 모든 두뇌를 조절할 수 있고 만들 수 있는 신이 되고자 하는 의미와 같다는 것입니다.

인간 게놈 프로젝트를 주도했던 무신론자이자 퀀텀 생물학의 권위자인 콜린스 박사는 "DNA는 신의 언어로 쓰인 생명의 설계도"라고 인정하고, 무신론을 버렸습니다. 퀀텀 물리학의 수장들이 인간의 한계와 거짓된 양심의 양면 모습을 스스로 보고 유신론자로 돌아옵니다.

사도행전 13장 6-7절을 보면 바나바와 바울은 서기오라는 총독을 만납니다. '그 총독은 지혜 있는 자인데, 그는 하나님의 말씀을 듣고, 그 섬의 다른 사람들은 바예수라는 마술사를 만나 점술과 마술로 미신을 믿고 그 지역을 통치하려는 권력을 만들어 가는 과정'이 나옵니다. 세상 사람들은 점술이든 마술이든 미신이든 과학이든 어떤 것을 통해서 자신이 세상을 통제하려 합니다. 하지만 그 모든 것이 미신입니다. 하나님 외 다른 우상을 믿는 것은 미신이기 때문입니다.

비과학적인 어떤 미혹된 신앙이라기보다는 성경에 반대되는 모든 신념이나 종교는 '미신'입니다. 결국, 하나님을 알지 못하면 누구나 미신적인 사람입니다. 하나님의 존재를 확신하고 그의 말씀에 순종하며 살지 않으면 교회에 다닌다고 할지라도 미신을 따르는 사람이 될 수 있습니다.

일부 퀀텀 학자들이 꿈꾸는 세상은 하나님 없이도 모든 것을 만들 수 있기 때문에 하나님 없어도 모든 것을 할 수 있는 세상이 존재함을 증명하는 것입니다. 그렇게 함으로 자신들이 새로운 신이 되고자 하는 것에 불과합니다.

요즘 인공지능 시대입니다. 모든 과학에 필요한 과학의 이론들을 만들 것입니다. 아주 건강한 현상입니다. 더 나아가 인공지능이 자체적으로 수학 공식도 만들고 과학 학설을 만들기 시작할 것입니다. 놀라운 것입니다. 인공지능이 퀀텀 생물학의 결실로 인간과 같은 가짜 인간을 만들고 생각을 불어넣어 주어 신이 될 날이 머지않았습니다. 이것은 위험한 일입니다. 그래서 그들에게는 하나님이 필요 없습니다. 하나님은 자신들이 신이 되기 위해서는 걸림돌일 뿐입니다. 거시 세계를 연구하고 미시 세계를 연구한다는 거창한 말 뒤에 자신이 신이 되고자 하는 일부 과학자들의 욕망이 거대한 세상이 되어 나타났습니다. 우리의 다음 세대는 이 거대한 세상의 전략을 알고 철저한 연구와 준비가 필요할 것입니다.

이 백성은 내가 나를 위하여 지었나니
나를 찬송하게 하려 함이니라(사 43:21).

$$\boxed{\text{점검할 내용}}$$

Q.1 만약 인간이 원하는 인간을 만들 수 있다고 생각하면 어떤 결과가 일어나겠습니까? 그것이 하나님이 계시지 않는 증거가 될 수 있습니까?

Q.2 당신은 호모 데우스처럼 신앙생활하고 있지는 않습니까? 만약 호모 데우스처럼 살고 있는 부분이 있다면 어떤 것인지 살펴보고 신앙을 점검하는 시간을 가져 봅시다. 그리고 나는 누가 만들었을까 생각해 봅시다.

눈먼 시계공 vs.
첫 번째 시계를 만드신 분

"나 홀로 그대(My Holo Love)"라는 드라마가 있었다.
안경을 쓰면 인공지능이 눈앞에,
자신이 선택한 아바타가 인간의 모습으로 나타나서
모든 일을 처리한다는 것이다.
아바타는 인공지능을 가진 보이는 영상 이미지다.
인공지능을 선택할 때 자신의 취향대로
외모, 말투, 예절까지 모두 선택할 수 있는 기회가 주어진다.
안경을 쓰고 있는 한 여성의 안경 속에 나타난 인공지능 인물이
전 세계 컴퓨터와 연결해 원하는 모든 일을 처리해 준다.

어느 여인이 돈을 주고 인공지능을 선택하여 샀다.
그런데 그녀는 안경 속의 인공지능 남자와
현실 속의 남자가 너무 비교되어 사랑을 못 느끼고
그만 인공지능과 사랑에 빠진다.
미래에 인공지능은
인간의 감성까지 지배하는 세상이 올 것이다.

아버지,

지성을 접하는 청년들에게

흙에 호흡을 불어넣어 나를 만드셨다는 확신이 흔들리지 않도록

늘 그들과 동행해 주시길 기도합니다.

지성을 접하는 모든 기독 청년이

창조자 하나님을 떠나지 않게 해 주십시오.

주님의 이름으로 기도합니다. 아멘.

컴퓨터와 인공지능 기술은 누군가 당연히 프로그래밍을 해야 합니다. 물론 정밀하고 깊게 기계가 과거에 입력된 데이터를 기반으로 소프트웨어를 훈련시키는 기술(Deep Learning)로 시작하게 될 것입니다.

중요한 것은 인공지능은 인간이 모든 습득 능력 방법과 정보를 입력시켜 과거의 데이터를 연구하여 생각하고 행동한다는 것입니다. 하지만 코로나19와 같이 인간이 예측 불허한 사건이기에 입력을 하지 않았거나 경험한 적이 없는 사건이 닥치면 예측할 수 없다는 단점이 있습니다. 그러므로 인공지능은 예전의 모든 것과 미래의 모든 것을 만들어 미래를 예측하는 것에 불과합니다, 그렇기 때문에 인공지능이 인간을 완전히 대체할 수 없다는 것입니다. 오히려 인공지능의 세계는 불확실한 시대가 될 것입니다.

그렇습니다. 이 세상에 무엇이든지 "뚝" 하고 생긴 것은 하나도 없습니다. 만약 원래 어떤 것이 처음부터 존재한다면 이것은 명백한 거짓말입니다. 원래 존재하는 것은 없습니다. 만약 원작자인 하나님의 작품을 자신들이 만들었다고 주장한다면, 이것은 윤리적으로 심각한 거짓말일 것입니다.

빅뱅부터 퀀텀 물리학까지 수많은 이론이 세상에 나왔습니다. 이런 학설이 나올 때마다 하나님의 존재에 관해 꾸준히 반문했습니다. "하나님은 안 계신다."라는 것입니다.

서강대학교 이승엽 교수는 진화론은 현재 인류를 비롯한 생명체의 진화 과정을 설명하고 있지만, 정작 그 생명체가 어떻게 처음 발생했는지를 증명하지 못한 점을 지적합니다. 과학적으로 증명하지 못하고 가정만 할 뿐입니다. 말은 청산유수인데 진실성이 없는 사람이 있다면, 그 사람은 신뢰를 잃게 됩니다. 양치기 소년처럼 취급을 받을 수도 있습니다. 이 교수는 진화론의 비과학적인 문제를 제기하면서 하나님께서 생명을 태동시키셨음을 주장합니다.

대표적인 무신론자이자 진화론자인 리처드 도킨스는 『눈먼 시계공』에서 인간의 세포핵 하나에 엄청난 정보가 담겨 있다고 말했습니다. 그러나 기술적으로 엄청난 진보를 이룬 인류는 그 작은 인간의 세포핵 하나를 만들지 못합니다.

결국 생명체 DNA의 정보는 물질의 우연적인 산물이 아닙니다. 이재신 교수는 이런 과학적 증거와 합리적인 추론으로 "생명체의 DNA는 물질이 아닌 의지적이고 지성적인 존재, 곧 하나님이 만들었다는 것"을 설명합니다. 그분이 직접 설계하신 것입니다.

1993년 10월 11일, 1994년 3월 14일, 1995년 12월 4일 자 「타임스지」는 밀러를 비롯한 과학자들이 제시한 많은 진화론 학설을 부정했습니다. 지구의 창조에 관해 다윈과 밀러의 학설이 잘못되었다는 것을 과학자들이 찾아냈다고 전했습니다. 세계는 뒤집혔습니다. 진화론을 맹신했던 일부 과학계는 충격에 휩싸였습니다. 화석의 주장도 틀렸고, 지층에 관한

"과학적 증거로 하나님의 존재 증명 나선다", 「기독신문」(2018.10.22.).

자료와 증거가 오류임이 드러나기 시작했습니다. 그 여파로 많은 진화론자가 창조론으로 돌아섰습니다.

그동안 주장해 오던 빅뱅 학설과 진화론의 허점이 드러나 과학적 반론이 봇물처럼 제시되기 시작했습니다. 비로소 그때 시작한 과학자들의 토론이 아직 멈추지 않고 진행 중입니다. 그러나 확실한 것은 하나님은 눈먼 시계공이 아닙니다. 하나님은 정교한 우주를 창조하신 하나님입니다.

우주를 창조하고 관리하시는 시계공은 인간의 지성까지도 정확하게 사용하십니다. C. S. 루이스, 앤서니 인플루엔자, 프랜시스 콜린스와 같은 사람들은 철저한 무신론자들이었습니다. 그러나 지성을 따라가다 보니 유신론자가 되었다고 합니다. 지성보다 위에 있는 이성이 자신들을 유신론으로 인도했다고 고백합니다.

하나님은 성령님을 통해 하나님의 형상인 인간이 지성을 사용하고 발전시킬 수 있도록 일하실 수 있습니다. 하나님 없이 과학은 인간의 세포 하나도 우주의 별 하나도 만들지 못하는 눈먼 시계공에 불과합니다. 인간의 지성에 성령의 부으심을 받으면 순결하고 정결한 지성이 될 수 있습니다. 이 지성은 지극히 아름답고 축복입니다.

성령이 임하시면 인간의 능력은 무궁무진할 것입니다. 불 끄고 떡을 써는 한석봉 어머니의 실력과 비교가 안 될 것입니다. 영화 "스타워즈(Star Wars)"에서 초능력을 사용하는 요다보다도 더 위대할 것입니다. 하나님께서 그분의 뜻이 세워지면 모든 것을 이룰 수 있습니다.

그래서 지성도 성령의 능력입니다. "너희가 권능을 받고 …"라는 하나님의 말씀이 사도행전 1장 8절에 나와 있습니다. 이 권능은 권세(Authority)요 능력(Ability)이라는 의미가 있습니다. 성령님은 이 두 힘을 가지고 계십니다.

그 성령님이 인간의 과학이라는 지성을 사용하여 하나님의 존재를 보여 주고 계십니다. 그래서 인간이 눈먼 시계공일지라도 시계를 수리하는 데는 문제가 없습니다. 하나님께서 함께하셔서 직접 고치실 것이기 때문입니다. 하지만 가장 중요한 것은 시간을 움직이시는 그 시계를 만드신 분은 오직 하나님 한 분이십니다.

내가 땅의 기초를 놓을 때에

네가 어디 있었느냐

네가 깨달아 알았거든 말할지니라(욥 38:4).

Q.1 당신 주변에 말은 잘하는데 말만 하면 거짓말이거나 기존에 한 말과 다른 행동을 보이는 사람이 있다면 그 사람을 신뢰할 수 있습니까? 반대로 처음부터 끝까지 변함이 없는 사람이 있다면, 둘 중 어떤 사람의 말을 신뢰하겠습니까? 그러면 하나님은 변함이 없으신 분입니까, 아니면 표리부동한 분입니까? 신실하십니까, 아니면 신실성이 떨어지십니까?

Q.2 인공지능은 하나님이 계시지 않는 증거가 아니라는 것을 당신은 알 것입니다. 인공지능이 하나님의 존재를 부정할 수 없는 이유가 있다면 어떤 것이 있습니까? 삶 속에서 찾을 수 있는 적절한 예가 있는지 깊이 생각해 봅시다.

제3부

지성과 도그마

과학으로 인해 흔들리는 교리

하나님이 아프시다.

주께서 내 장부를 지으시며 나의 모태에서 나를 조직하셨나이다
내가 주께 감사하옴은 나를 지으심이 신묘막측하심이라
주의 행사가 기이함을 내 영혼이 잘 아나이다
내가 은밀한 데서 지음을 받고 땅의 깊은 곳에서 기이하게 지음을 받은 때에
나의 형체가 주의 앞에 숨기우지 못하였나이다
내 형질이 이루기 전에 주의 눈이 보셨으며
나를 위하여 정한 날이 하나도 되기 전에 주의 책에 다 기록이 되었나이다.
(시 139:13-16, 개역한글)

태초에 지으신 세계는 완벽했습니다.
그러나 우리가 사는 세상은 악해졌고 깨어진 세계가 되었습니다.
요한계시록 8장에서 천사의 나팔을 묘사했습니다.
이 구절은 최악의 상황이 아직 임박하지 않았음을 의미합니다.
하나님은 악을 멸하시고
그분이 개입시켜
우리를 심판 가운데 구원하실 때는 올 것입니다.

무신론

"신은 죽었다!"
니체는 종교가 추구하는 절대 선이나 초월적 가치가 이미 붕괴되었고,
사회를 제도하고 규율하는 역할과 기능을 상실했다고 판단하였다.
그래서 신은 죽었다고 선언하였다.

중세 시대
그동안 교회가 면죄부를 팔아 구원을 빙자해서 돈을 버는
가톨릭의 비도덕적 행위와
교회가 과학의 진실을 은폐하여
갈릴레오 재판을 권력으로 오판을 내리는 등
부정적 이미지로 인해
교회의 권위와 신뢰가 떨어졌다.

주여,

신앙이 흔들리는 자들을 잊지 마시고

하나님의 존재를 부정하는 형제자매를

긍휼히 여겨 주십시오.

나를 구원해 주신 예수님의 이름으로 기도합니다.

아멘.

$\circ$ $\bullet$ $\circ$

베리타스 포럼

2016년, 예일대학교 등 몇 개 대학교에서 유명한 베리타스 포럼(The Veritas Forum)이 주관하는 모임이 있었습니다. 저는 MIT에서 있었던 포럼에 참석할 기회가 있었습니다. 저는 하버드대학교 치대 교수이신 김수홍 박사님과 사역 때문에 모임을 갖기 위해 갔다가 짬을 내어 이 모임에 참석한 적이 있습니다. 당시 포럼은 과학자, 생물학자와 철학자 간 포럼이었습니다. 주제는 무신론자들이 아주 좋아하는 메뉴인 진화론이 포함되어 있었습니다.

여러 포럼 중 교수 두 명의 토론이 인상 깊었습니다. 그 강의실에 있었던 두 명의 교수는 "무엇이 인간을 만들었습니까(What Makes Us Human)?"에 관해 토론했습니다. 한 분은 생물학자로 미국 고등학교 생물 교과서 저자이자 브라운대학교 생물학 교수이며, NBC 방송과 「뉴욕 타임즈(New York Times)」, 「유에스에이 투데이(USA today)」, 「더 선(The Sun)」 등 언론에 대서특필되었고 방송에 출연했던 분입니다. 2005년, 도버(Dover)에서 있었던, 세기의 관심을 모은 재판에 등장한 인물입니다. 창조론을 학교에서 가르칠 수 없도록 하기 위한 재판이었습니다. 그때 진화론과 법정 공방의 생물학자 증인으로 켄 밀러(Ken Miller) 박사가 나갔습니다. 다른 분은 MIT대학교 철학과 교수 알렉스(Alex Byrne) 박사였습니다.

그날 베리타스 포럼의 주제는 진화론을 더욱 공고히 하기 위한 자리였지만, 마치 그 모임이 크리스천과 무신론자의 영적 전투 시간처럼 보였습니다. 그곳에 있었던 모든 사람은 생물학자 캔 교수와 알렉스 교수와의 혈전을 예상했습니다.

그러나 의외로 MIT대학교 교수는 거의 답하지 못했습니다. 토론 중 반까지는 모두 진화론의 알렉스 교수의 승리를 예상했습니다. 진화론의 선제 공격은 근사했습니다. 그러나 켄 교수가 진화론의 증거라고 하기에는 너무도 부족한 화석을 문제 삼으면서 전세는 바뀌었습니다.

켄 교수는 2005년, NBC 방송국이 방영했던 유명한 진화론을 기본법으로 인정할지 안 할지에 관한 법정에 변론인 자격으로 선 적이 있습니다. 당시 펜실베이니아 해리스버그 도버 법정 판결에서도 베리타스 모임에서 있었던 비슷한 공방이 있었습니다. 그리고 그 판결에서 이미 진화론의 증거를 인정하지 않았던 선례가 있습니다.

결정적 이유는 증거로 채택된 증거인 화석이 진화론을 증명하기에 불충분하다는 것입니다. 2005년 12월 20일, 법원에서 펜실베이니아 해리스버그 도버의 존 존스(John E. Jones III) 판사는 미국 최초로 생물 교과 과정에서 진화론을 생물의 시작이라고 가르치는 것을 금하는 판결을 내렸습니다.

The New York Times, Dec.21 2005. judge Rejects Teaching Intelligent Design: In the nation's first case to test the legal merits of intelligent design, the judge, John E. Jones III, issued a broad, stinging rebuke to its advocates and provided strong support for scientists who have fought to bar intelligent design from the science curriculum. Judge Jones also excoriated members of the Dover, Pa., school board, who he said lied to cover up their religious motives, made a decision of "breathtaking inanity" and "dragged" their community into "this legal maelstrom with its resulting utter waste of monetary and personal resources".

이것은 1925년, 텍사스에의 스콥스 재판 이후, 진화론과 창조론의 수많은 법정 싸움에서도 보기 드문 진기한 세기의 판결이었습니다. 이 판결에서 그동안 줄기차게 이야기되었던 화석의 나이를 결정하는 오류 문제와 동물들의 중간 단계의 변이 증거가 불충분하다고 판결했습니다. 뿐만 아니라 최근 운석이 지구를 때려 그 화석들이 없어졌다고 주장하는 이론까지 판사는 진화론의 모든 증거를 한꺼번에 인정하지 않았습니다.

수만 장의 조사 자료가 제출되었지만 검사 측 과학자들이 조사한 결과 증거 조작 및 증거가 거짓이라고 판단해 과학계 연구를 인정해 주지 않은 것입니다. 같은 과학자들이었지만 인정할 수 없을 정도였다고 합니다. 승리한 것입니다. 그 법정에서 진화론과 싸워 이긴 교수가 바로 켄 박사였습니다.

MIT대학교에서 있었던 이 베리타스 포럼에 모였던 무신론 학자들은 헤리스버그 법정에서 답하지 못했던 동일한 문제를 해결하지 못했습니다. 몇 년이 지났지만 여전히 같은 증거만 가지고 나왔던 것입니다. 진화론의 한계를 여실히 보여준 것입니다. 켄 박사가 법정에서 나온 증거와 판결의 결과를 제시하자 역시 답하지 못했습니다.

그때 놀란 것은 전 세계 과학자가 모두 믿고 따른다고 생각했던 진화론자는 실제로 그리 많지 않다는 것이었습니다. 토론회를 마치고 켄 교수를 칭찬하는 이들이 없을 줄 알았으나 실제로는 그 반대였습니다. 그리고 토론회에서 보여 준 통계는 진화론을 믿는 과학자가 소수였음을 알게 했

☆ 일병 "원숭이 재판"으로, 진화론이 졌음에도 불구하고 진화론을 알리는 계기가 되었다.

습니다.

그 학술 토론회는 마치 엘리야 선지자와 수백의 바알 선지자들 간의 싸움처럼 보였습니다. 하지만 그 싸움에서 엘리야 선지자를 앞세우신 하나님이 이기신 것처럼 수많은 무신론자를 이겼습니다.

창조론을 믿는 한 명의 생물학자의 질문에 그곳에 모였던 유명하고 유능하며 강력한 무신론 생물학자와 철학자들이 한 명도 켄 박사의 질문에 확신 있게 답변하지 못했다는 것은 엄청난 사건이었습니다. 그곳에 있었던 학자들 모두 무식해서 답을 못한 것이 아닐 것입니다. 켄 교수의 질문과 증거가 더 과학적이었고 하나님의 창조하심이 사실이었기 때문이었습니다.

결국, 그 모임은 '하나님의 존재'를 선포하고, 하나님을 찬양하는 자리가 되었습니다. 창조에 관여하신 하나님이 이해 안 가는 이들에게 하나님을 이해시키는 도구로 사용된 시간이 된 것입니다.

○●○

키스 파슨(Keith Parson) 박사 vs. 윌리엄 크랙(William Crge) 박사

또 다른 모임이 있었습니다. 이 모임은 베리타스 모임보다 거의 3년 전에 있었습니다. 2014년, "나는 왜 기독교인인가?" "나는 왜 기독교인이 아닌가?" 하는 토론이었습니다. 수천 명이 큰 강당에 있었습니다.

두 박사님이 출연했습니다. 키스 파슨 박사는 캐나다 킨세(Quinze)대학교에서 철학박사 학위를 받고 피츠버그대학교에서 사이언스로 박사학위를 받은 무신론자입니다. 윌리엄 크랙 박사는 버밍엄대학교에서 철학박사, 에모리대학교와 칼빈대학교에서 교수로 계셨던 분입니다. 이 두 분의 토론을 잊을 수 없어 소개합니다.

이 토론에서 파슨 박사는 교회에서 자랐지만 교회에서 상처를 받았다고 자신을 소개합니다. 그리고 거의 5분마다 그는 대중을 향해 상처 주는 기독교가 싫다고 강조했습니다. 그가 무신론자가 된 배경이 '상처'와 분노'였음을 알 것 같습니다. "상처 주는 하나님은 없어져야 한다." 내지는 "그분의 존재가 없어져야 자신의 마음이 시원할 것 같다."를 하나님이 계시지 않은 과학적 철학적 증거를 제시하는 것보다 더 많이 말했습니다.

그의 분노는 눈을 보고 더욱 섬뜩함을 느꼈습니다. 부릅뜬 두 눈에 보여진 힘줄과 빨간 피돌기가 그의 흥분과 분노를 말해 주었습니다. 성경 속 기적의 허구성, 부활과 승천의 허구성, 기독교의 잔인성, 기독교의 교만함 등 기독교의 수많은 잘못에 분노한 그는 과학과 철학을 기반으로 기독교를 공격했습니다. 그리고 그는 "모든 일을 계획하고 이룬 세상 중심 속에 하나님은 없다.", "다만, 이 모든 것이 필요해서 인간이 만들었다." 라는 주장을 민망할 정도로 계속 반복해서 말했습니다.

첨단 과학 시대인 현재는 무신론이 뿌리 내리기에 딱 좋은 환경처럼 보입니다. 과학이란 천둥과 지진이 '신의 분노'라고 생각했던 무지와 어둠의 세월을 밀어내고 교회에서 사람을 모아 시작했고, 그렇게 시작한 과학이 한 걸음씩 발전할 때마다 하나님의 존재는 조금씩 잊혀 갔습니다. 하지만 하나님은 늘 그 자리에 계셨습니다.

과학사의 중요한 장면인 16세기 코페르니쿠스 혁명, 17세기 과학 혁명, 19세기 진화론의 등장 이 모두가 무신론이 주도한 줄 알았지만, 현실은 아니었습니다. 코페르니쿠스는 신부였고, 프랜시스 베이컨은 독실한 신자였으며, 다윈도 신학을 공부한 사람이었습니다.

○ ● ○

무신론의 본격적인 등장

무신론의 등장은 하나님에 대한 분노를 배경으로 과학과 정치에 힘입은 바가 큽니다. 근대 유럽 최초의 무신론자는 1729년에 죽은 프랑스의 가톨릭 사제 장 메슬리에였습니다. 그가 죽고 나서 친구들이 찾아낸 장 메슬리에의 초고는 리처드 도킨스의 책이 점잖게 보일 만큼 하나님, 종교, 믿음에 대한 분노로 가득 차 있었습니다.

사실 당시 프랑스의 교회에는 분노할 구석이 많았습니다. 철학은 종교에 종속되어 있었고, 종교는 절대 권력을 옹호하는 수단이었으며, "종교범죄자"들이 고문과 극형에 처해지던 시절이었습니다. 그래서 무신론의 시작은 이성이나 과학의 발전 때문이 아닌, 부패하고 폭력적인 정교 유착 관계에 대한 상처로 인한 철저한 하나님에 대한 불신과 분노로 무신론자가 되었던 것입니다.

메슬리에의 정신을 이어받은 유럽 최초의 공개 무신론자: 데니스 디드로, 클로드 엘베티우스

무신론이 태동하여 길을 찾고 있는 즈음에 무신론은 영국과 러시아에서 사회주의와 공산주의가 일어나면서 안정기에 들어가고 있었습니다. 안정기에 들어가면서 대표적인 무신론 주의가 태동합니다. 1917년, 러시아 혁명이 일어나 하나님의 존재를 없애는 데 가장 큰 일을 벌였습니다. 러시아, 중국 등 무신론 정권이 종교 말살 정책을 펼칩니다.

하지만 사회주의와 공산주의 정권도 "하나님"을 완전히 지워내는 데 실패하고 말았습니다. 지하교회가 생길 줄 예상하지 못했던 것입니다. 또한 냉전 시기에 적국이었던 소련의 극단적 무신론은 반대로 인하여 미국에서 오히려 하나님의 존재가 부각되는 상황이 발생합니다. 1954년에 제정된 국기에 대한 맹세에 "하나님(God)"이라는 단어가 들어가는 데에도 반대하는 정치인이 없을 정도였습니다.

미국 교회는 유럽 교회와 같은 세속적인 권력을 얻지 못했고, 역설적으로 유럽의 무신론을 부추긴 종교에 대한 분노가 아주 천천히 미국에도 찾아 왔습니다. 그래서 이제야 교회에 실증을 느끼고 상처 받은 무신론자들이 미국에서도 당당히 얼굴을 들기 시작했습니다.

1925년, 미국에서 진화론과의 법정 싸움을 시작으로 무신론이 다시 부상하고 있습니다. 더욱이 미국과 중동 국가 간의 갈등은 종교 간의 갈등으로 비화되고 있어 기독교와 이란의 시아파 무슬림 등과의 갈등이 오히려 기독교에 대한 부정적 시각을 불렀습니다. 여기에 유물사관에 입각한 공산주의와 사회주의가 무신론을 부축이고 있었던 것입니다. 일종의 여론과 정치 그리고 민심의 반작용인 셈입니다.

○ ● ○

어리석은 자

성경은 하나님이 없다고 하는 자를 어리석은 자라고 합니다.

> **어리석은 자는 그 마음에 이르기를 하나님이 없다 하는도다**
> (시 14:1).

> **이는 하나님을 알 만한 것이 그들 속에 보임이라 하나님께서
> 이를 그들에게 보이셨느니라 창세로부터 그의 보이지 아니
> 하는 것들 곧 그의 영원하신 능력과 신성이 그가 만드신 만
> 물에 분명히 보여 알려졌나니 그러므로 그들이 핑계하지 못
> 할지니라**(롬 1:19-20).

하나님께서 하나님을 알 만한 것을 피조물 속에 보여 주셨습니다. 애매하게 보여 주시거나 잘 숨겨 두셔서 지식이 뛰어난 사람만이 발견하도록 하신 것이 아닙니다. 하나님께서 피조물을 통해 분명히 보여 주셨으므로 사람들은 하나님을 알 수 있습니다.

하나님의 존재 여부를 몰라서, 또는 어떤 증거가 필요해서 하나님이 없다고 말하는 것이 아닙니다. 사람들은 그것을 알 수 있습니다. 그러나 스스로 어리석게 되는 것입니다.

과학 시대가 우리에게 던지는 도전은 세속주의 혹은 무신론의 도전입

니다. 과학 발전은 하나님의 초자연적인 개입을 요청하지 않고도 우주와 생명과 인간의 역사가 충분히 설명 가능하다는 점을 강조하고 있습니다.

기술 발전은 초월적인 하나님이 아니라 우리 인간이 이 땅의 역사를 결정하는 주권자라는 인상을 주고 있습니다. 말하자면, 아무런 목적도 의미도 없어 보이는 우주와 생명과 인간의 역사 속 그 어디에서도 하나님이 설 자리가 없어 보입니다.

"새로운 무신론자들"로 알려진 이들은 현대 사회에서 과학 기술이 누리고 있는 권위에 호소하여 자신들의 세속주의적, 유물론적, 무신론적 사상을 정당화하려고 최선을 다하고 있습니다. 물론 이러한 과학적 무신론자들의 논리에는 과학의 '방법론적 자연주의'와 무신론의 '형이상학적 자연주의'를 혼동하는 큰 맹점이 있지만, 기독교에 적대적인 한국의 사회문화를 이용하여 과학적 무신론자들이 큰 목소리를 내고 있다는 사실은 심각하게 우려해야 할 사항입니다.

과학적 권위 속 무신론이 득세하고 있습니다. 그리고 교회는 세상에 영향력을 잃고 있습니다. 이 두 상황이 많은 그리스도인조차 과학적 무신론에는 빨려 들어가는 블랙홀 역할을 감당하고 있습니다.

그렇다면 과학의 권위에 기댄 무신론자들, 유물론자들, 세속주의자들의 주장 앞에서 과연 우리는 초월적인 세계의 존재에 대한 우리의 믿음을 담대하게 선포할 수 있을까를 심도 있게 그리고 진진하게 기도하며 준비해야 합니다.

결국, 우리는 사랑과 능력으로 천지만물을 창조하고 사랑하시는 하나님에 대한 우리의 신앙 고백을 지켜 내리라 믿습니다.

하지만 분명히 무신론은 밉지만 무신론자들은 끝까지 사랑해야 할 것입니다. 거룩한 부담감이 있는 이유는 무신론이 교회에서 시작한 것에 더 책임을 느끼기 때문입니다. 교회는 현재도 무신론자들을 배출해 내고 있습니다. 신천지의 핵심 인물은 모두 교인이었다고 합니다. 교회에서 위로와 격려 그리고 진심 어린 사랑을 받지 못한 그들이 상처를 회복하지 못한 채, 신천지의 사랑 나누기와 관심 주기 전략에 넘어가는 것과 마찬가지입니다.

무신론자들은 상처가 많은 영혼입니다. 그 상처가 치유된다면, 그들의 분노가 사라진다면, 그들의 마음물질이 아닌 영혼에 하나님의 존재를 인정하게 되리라 믿습니다.

하나님을 알되
하나님을 영화롭게도 아니하며 감사하지도 아니하고
오히려 그 생각이 허망하여지며 미련한 마음이 어두워졌나니
스스로 지혜 있다 하나 어리석게 되어
썩어지지 아니하는 하나님의 영광을
썩어질 사람과 새와 짐승과 기어 다니는 동물 모양의
우상으로 바꾸었느니라(롬 1:21-23).

Q.1 당신이 살고 있는 삶터가 무신론이 나오기 딱 좋은 환경이라고 말할
수 있다면, 어떤 이유에서 그렇다고 생각하십니까?

Q.2 당신은 성경말씀을 대할 때에 하나님의 엄한, 벌 주시는 모습을 어떻
게 이해하고 계십니까? 그리고 생각해 봅시다. 사람들이 무신론자가
되는 표면적인 이유 말고 말하지 않는 내면의 깊이 있는 근본 원인을
세심히 살펴 봅시다. 그 원인은 과학입니까?

만들어진 신
vs. 존재하는 신

사람을 만든 하나님과 인간이 만든 하나님,
둘 중 어느 하나님이 참 하나님일까?
완전한 존재가 만든 이 세상을 바라보는 창조된 인간은
이 세상이 불완전한 것처럼 보여서
신은 죽었냐고 질문한다.

하나님의 존재를 부정하는 증거를 찾을 수 없는

오직 한 가지 이유는

하나님이 존재하기 때문입니다.

주님, 다음 세대가 교회로부터 받은 상처를 회복하게 하시고

교회에 참 사랑과 긍휼한 마음이 넘치도록 은혜를 베풀어 주옵소서.

나의 상처를 늘 만져 주시는 구원자 예수 그리스도의 이름으로 기도합니다.

아멘.

어린 시절 서울 성북동에서 자랐습니다. 당시 성북동 산속으로 올라가면 그곳에 집들이 꽤 있었습니다. 특히 제가 좋아하던 집이 있었는데 사람들은 그 집을 성락원이라 불렀습니다. 집에 연못도 있었고, 산도 있었고, 소나무가 항상 울창하고 푸르러 새소리가 끊이지 않았던 집으로 기억합니다. 그 집을 보는 자체로 평화가 찾아옵니다. 그러나 그 땅은 우리 아버지 땅이 아니기에 들어갈 수 없었습니다.

그런데 우리가 맘껏 있어도 되는 땅이 있습니다. 하나님 나라입니다. 그 하나님 나라는 하나님의 주권이 있는 곳이고, 하나님의 백성이 있는 곳이며, 하나님의 영토가 있는 곳이니 우리가 눈치 보지 않고 영원히 있어도 되는 곳입니다. 그러나 그곳은 우리가 흔히 말하는 '하늘'이라는 '공간 개념'이 아닌 '하나님이 임재'하는 공간입니다. 그래서 하나님 나라는 하나님이 임재하시는 '우리의 삶터'가 곧 '하나님 나라'입니다.

하나님 나라에서 가장 중요한 것은 "하나님이 존재"하신다는 것입니다. 하나님이 존재해야 그곳에 그분의 임재를 볼 수 있습니다. 그런데 일부 과학자들과 철학자들은 하나님이 그의 나라에 계시지 않다고 주장합니다.

잠시 책 두 권을 소개합니다. 『만들어진 신』과 『존재하는 신』이란 책입니다. 『도킨스의 망상』이란 책도 후에 소개할까 합니다.

이 두 권의 책 지은이들은 과학자이며 철학자이고 무신론자입니다. 첫 번째 책의 저자는 리처드 도킨스 박사인데 그는 철저한 무신론자입니다.

반면에 두 번째 책의 저자는 리처드 도킨스보다 더 유명한 무신론자였으나 후에 무신론의 잘못된 점을 찾고 유신론자로 개종한 앤터니 플루라는 사람입니다.

○ ● ○

리처드 도킨스

창조부터 지금까지 역사 속에서 수많은 사람이 하나님의 존재에 관해 관심을 가져왔습니다. 그중 한 사람이 리처드 도킨스 박사입니다. 출간된 지 몇 년 안 된 책이지만 무신론의 교과서가 되어 버린 『만들어진 신』이란 책에서 그는 기독교가 하나님의 존재를 증명하는 데 실패했다고 조롱했습니다. 그는 기독교를 인간의 망상이 만들었다고 주장합니다.

그의 무신론은 9·11테러 이후 구체화되었습니다. 도킨스는 종교의 문제는 종교의 본질이라기보다 타락한 인간의 본성이 드러나는 종교적 현상이라고 주장합니다. 문제가 종교 자체가 아니라 종교를 이용하는 인간에 있다는 뜻입니다. 인간이 종교를 만들었으니 하나님도 인간이 만든 것에 불과하다는 논리입니다.

그는 인간이 존재하지 않는 하나님을 필요에 의해서 만든 것이라는 메시지를 담고 있습니다. 이 책은 교리의 문제와 인격의 문제를 들었습니다. 먼저 성경 속 하나님은 사랑이 없다는 것과 위선자의 모습을 보면 신이 될 자격이 없다고 주장합니다. 그리고 그는 "신이 아니다."라고 주장합니다. 그렇기 때문에 교회의 인격에 문제를 제시합니다. 가짜 그리스도의 모습을 따르니 문제가 되었다는 것입니다.

결국 교회가 세상보다 더 인격이 나쁘다는 것입니다. 예수가 진짜라면 모두 진짜 신을 닮아야 한다는 논리입니다. 신도 없는데 교회가 신을 만들었기에 사랑이 없는 가짜 종교라고 합니다. 교회에서 받은 상처를 회복하지 못해 교회 문제를 하나님의 존재를 부정하는 논리로 사용하고 있는 것입니다.

그들의 주장은 인간이 필요한 하나님이기에 교회도 인간이 만든 것에 불과하다는 것입니다. 이 책을 통해서 불신자들에게 교회의 부족하고 잘못된 점들의 민낯을 고스란히 드러냈습니다. 세상에 영향력을 잃어버린 교회를 향한 하나님의 경고하심과 같이 읽히기도 했습니다.

그래서 도킨스 박사의 책은 오히려 하나님의 경고하심 같았습니다. 도킨스를 사용하신 하나님께서 본질을 잊은 교회의 회복을 위해서 하신 일인지도 모릅니다. 하지만 그는 기독교의 많은 허점을 적절히 공격했기에 교회는 많이 혼란스럽습니다. 근본적으로 도킨스는 윤리적, 과학적 그리고 철학적으로 기독교의 부족함을 드러나게 하여 하나님께서 존재하지 않음을 강하게 밀어 붙였습니다.

교회가 과학의 선전 포고에 맞서 적극적으로 영적 전쟁에 임해야 하는 시점에 교회는 스스로 윤리와 도덕에서 무너졌고, 거룩함과 정결함이 무너졌기에 도킨스의 눈에는 하나님이 없어서 이런 문제가 도래했다는 당연한 논리로 공격했던 것입니다.

"신은 인간에 의해 만들어진 것이다. 그러므로 그런 신에 의해 인간에게 주어진 것은 없고, 모든 것은 신이 없어도 가능하다. 결국, 역사적으로나 사회적으로 볼 때 종교가 없어지는 것이 인류에게 더 낫다."라고 도킨스는 믿는 것입니다. 그는 "책을 펼칠 때 종교를 가졌던 독자들은 책을 덮을 때면 무신론자가 되어 있을 것입니다." 라고 자신 있게 장담했습니다.

재미있는 것은 그는 『만들어진 신: 망상의 신(God's Delusion)』을 통해서 하나님의 존재를 부정하게 된 직접적인 동기는 과학이 아니었음을 잘 말해 줍니다. 과학은 목적을 정당화시키기 위한 도구였을 뿐 직접적인 동기는 '교회의 부족함'이었다는 것입니다.

교회가 거룩함과 겸손이 부재한 모습 속에서 교회 타락의 원인을 보고 '하나님이 안 계시기 때문에 교회가 엉망이라는 것'으로 결론을 내려 버린 것입니다. 교회가 문제였고 죄인인 인간이 문제였던 것입니다. 바로 우리의 잘못인 것입니다. 교회가 부끄러워해야 할 부분입니다.

○ ● ○

앤터니 플루

반대로 철저한 무신론자였다가 노년에 유신론자가 된 유명한 앤터니 플루 이야기를 잠시 해야 할 것 같습니다. 그는 하나님의 존재를 증명할 수 없는 이유와 고통과 악이 존재하는 것을 보고 신이 안 계시다고 믿는 무

리차드 도킨스, 『만들어진 신』.

신론자가 되었던, 영향력 있는 철학자였습니다. 그러나 그는 자신의 저서 『존재하는 신』에서 하나님의 존재를 무시하는 무신론자들의 위증성을 지적했습니다.

앤터니는 무신론자들이 장악한 지성을 향해 질문을 던졌습니다. "우주가 합리적일 수 있는가?"에 관해 무신론 지성인들이 답을 못한 세 가지 이유를 지적합니다.

첫째, "자연법칙이 무엇입니까?"에 관해 묻는 질문에 무신론은 답할 수 없다고 말합니다. 과학은 답할 수 있다고 믿고 있지만 현실적으로 그렇지 못하다는 고백입니다. 과학은 합리성의 현상만으로 이야기하고 합리성의 정도만 보여 줄 뿐이라고 지적합니다.

둘째, 의식과 자아를 지닌 인간의 존재와 생성 비밀을 과학은 설명하기에 많은 허점과 부재를 가지고 있다는 것입니다. 그 결과는 무한한 지성을 가진 '무엇'이 비밀을 알고 있다고 했습니다. 그 무한한 지성을 가진 그 '무엇'이 바로 '하나님'이라는 것입니다.

셋째, 우주가 존재한다는 것입니다. 과학은 "물질세계에서는 스스로 존재할 수 없다."라고 정의합니다. 무신론, 지성의 관점에서는 무에서 유는 만들어질 수 없다고 고백합니다. 즉, 무신론 사이에서도 과학이 허구이며 하나님의 존재를 인정하고 있다는 것입니다.

무신론자였던 앤터니 플루는 결국 이 세 가지 이유로 유신론자가 됩니다. 그리고 "자신은 어리석은 자였으나, 자신이 참 지식으로 돌아왔다."
라고 자신을 돌아보며 고백했습니다.

너는 네 하나님 여호와의 이름을
망령되게 부르지 말라(출 20:7).

네 하나님 여호와의 이름을
망령되이 일컫지 말라(신 5:11).

점검할 내용

Q.1 과학적인 관점에서 인간이 하나님을 만들었다고 생각합니까? 만약
그렇다면, 왜 그렇게 생각하는지 솔직담백하게 나눠 봅시다.

Q.2 주변에서 무신론자임을 주장하는 이들이 있다면, 왜 그들이 무신론자
가 되었는지 세밀히 살펴봅시다. 직접적인 이유가 과학적 근거가 아
니라면 어떤 이유인지 생각해 봅시다.

하나님의 존재에 관해 흔들리는 이들에게

기술의 발전은 초월적인 하나님이 아니다.

하나님,

하나님의 존재와 능력을 믿는 믿음이 흔들리는 자들을 위해 기도합니다.

무신론의 오만과 교만 그리고 허무와 어리석음을 배우지 않게 하시며

불신의 마음과 미움으로부터 자유하게 하시며

텅 빈 마음이 사랑과 긍휼로 채워지도록

주님의 강력한 만지심을 기도합니다.

다음 세대가 과학이라는 지성의 영향으로부터 벗어날 수 있도록

지혜와 능력이 임하게 하시옵소서.

예수님의 이름으로 기도합니다. 아멘.

십 대와 이십 대에 내게 가장 힘들었던 신앙의 적은 '지성'이었습니다. 지성은 저를 한없이 방황하게 했습니다. 제 생각 전체를 흔들어 놓았습니다. 열등감에 빠지게 했고, 저는 그 앞에서 작아져야만 했습니다. 그 앞에서 크리스천이란 이름은 겉 딱지 이름뿐이었습니다. 지성은 항상 진리였습니다. 세상에 인정받고 싶었던 저는 하나님이 이해가 가지 않기 시작했습니다.

혹시 저처럼 '지성'의 적을 만나 하나님이 이해되지 않고 하나님의 존재까지 흔들리고 있는 청년이 있다면 정중히 도전을 드립니다. 지금 이해되지 않는 하나님을 다시 붙드십시오. 정말 이해되지 않는다면 이해되지 않는 수학, 과학 그리고 철학을 공부할 때, 무조건 신뢰하고 암기하다 보니 공식이 이해되고 이론이 이해되기 시작했던 경험처럼 무조건 하나님을 신뢰하고 인정해 보기 바랍니다. 인정하다 보면 하나님의 존재에 감탄하게 될 것입니다.

사실 이 책이 꼭 지성 앞에서 신앙을 잃고 고생하는 분들을 위한 것만은 아닙니다. 성경이 이해되지 않고 신앙을 잃어가는 모든 분을 향해 격려하고 도전을 드리기 위한 글입니다. 겉으로는 지성이라는 도구를 사용하였으나 결론적으로는 복음에 관한 글입니다. 본질적으로 믿음의 본질과 교리가 흔들리는 영혼들에게 담대함을 얻어 복음의 용기를 회복하는 기회가 되길 바라는 마음으로 쓴 글입니다.

성경적 우주관은 하나님께서 그곳에 계셨고, 세상을 하나님께서 창조하셨다고 믿지만 지성으로 바라본 세계관은 지성 안에 하나님이 계시지 않습니다. 과학이 세상의 중심이었던 것입니다. 지성은 사회에 첫발을 디딘 청년들을 단숨에 무신론으로 만들려고 노력합니다. 믿음이 아직 연약한 당신이 하나님을 이해하지 못하게 만들 것입니다.

창조론과 기적을 믿는 기독교인들은 "무식하고 미신적이다."라고 말합니다. 반대로 지성인은 "유식하고 미신적이지 않다."라는 사회적 그리고 문화적 상황을 만들어 사춘기 청소년들과 청년 기독교인을 수치스럽게 자극합니다. 고개를 숙이도록 만듭니다. 그리고 하나님의 존재를 부정하도록 활용하려 할 것입니다. 하지만 기독교는 부족한 세상, 지성을 품어야 합니다.

이승장 목사님은 성경이 "어떻게"라는 질문에 답을 주어야 하기 때문에 쉬운 문제는 아니지만 "성경과 과학은 싸워서 없애야 하는 원수가 아니다."라고 말합니다. 그러면서 그는 학자들에게 기독교와 과학이 서로에게 필요함을 인지할 노력을 하고 있음을 알고 있다고 설명합니다. 학자들이 "성경은 누가(who)가 무엇을(what) 설명하고 과학은 어떻게(how)를 다루는 분야이기에 서로 공존해야 한다고 믿는다."라는 것입니다.*

그렇습니다. 과학은 일반 계시(하나님의 자연 계시)를, 신학은 특별 계시(하나님의 말씀)를 듣기 위해 연구하는 학문입니다.** 하나님은 모든 것을 만드셨습니다. 그래서 모든 것이 하나님을 알기 위해 필요한 도구입니다.

★ 이승장,『왜 저는 예수를 믿는가?』, p. 203.
★★ 이승장,『왜 저는 예수를 믿는가?』, p. 205. 에든버른대학교 토랜스(T. F. Torrance Rytnsms) 교수는 세상의 모든 것은 하나님께서 주신 것을 귀납적으로 공부하는 학문이라는 공통점이 있다고 말한다. 결국, 일반 계시와 특별 계시 모두 하나님을 알기 위해 필요하다고 주장한다.

지성도 하나님께 속한 자연과 인간 등 피조물을 연구하는 중요한 도구라는 것입니다.

　과학과 신앙이 선과 악으로 구분되지 않기를 바랍니다. 일부 지성인 가운데 '하나님이 안 계심'을 믿는 사람들은 더불어 "하나님이 악을 만드셨다."라고 기독교를 공격도 합니다. 사탄의 전략입니다, 이간질시키는 전략에 넘어가 분노하고 미워하지 않아야 합니다. '선과 악'이란 양극화된 모습에서 서로의 주장이 감정 싸움이 된다면 하나는 '선'이 되고 하나는 반드시 '악'이 됩니다.

　지성인 가운데 "하나님이 악을 만들었다."라고 주장하면서도 그들 자신은 '선'으로 포장하고, 자기 생각을 지지하지 않는 자들은 '악'으로 만들어 버렸습니다. 항상 그랬듯이 본인들이 악을 만들고 남이 악이라고 말합니다. 자신들을 인정하지 않는 모든 사람은 악한 사람으로 만들어 버렸기에 "하나님이 악을 만들었다."라고 주장하는 어리석은 행동을 합니다.

　그러나 교회는 그들과 같은 실수를 반복하면 안 됩니다. 교회는 기다려서 품고 지성이 하나님의 영광을 위해 사용되도록 지혜를 발휘해야 합니다.

　그리스도인의 관점에서 하나님을 모르는 세상을 보면, 우리가 선이고 세상이 악입니다. 우리가 선이고 악이란 의미는 영적인 이야기입니다. 기

★ 이승장, 『왜 저는 예수를 믿는가?』, p. 206. 이승장 목사는 모든 증명을 하는 특별 계시나 일반 계시를 지성으로 바라보며 과학이 증명할수 없는 신학은 미신에 불과하고, 하나님 없는 과학은 인류를 해치는 흉기가 될 것이라고 말한다. 그래서 뉴튼, 케플러, 파라데이와 같은 크리스천이며 훌륭한 과학자가 되라고 주장하며 일부 과학자의 말에 속지 말라고 경고한다.

독인들은 우주 진화론자들을 예수 믿지 않는다고 악한 사람이라 정의하지는 않습니다. 구원받지 못하는 그들을 긍휼히 여기는 마음만 있을 뿐입니다. 그런데 우주 진화론자들은 지성을 앞세워 "하나님은 존재하지 않는다."를 부정하는 모든 사람을 '악'으로 표현합니다. 하나님의 사랑을 체험한 적이 없기 때문입니다. 그러나 우리는 하나님의 사랑을 날마다 체험하는 사람입니다.

과학자와 철학자들 안에 얼마든지 믿음 좋은 크리스천이 있습니다. 그들의 도움도 절실히 필요합니다. 과학은 싸워서 없애야 하는 원수가 아니라는 것을 알아야 합니다. 다만 유명한 무신론 주의자나 하나님을 부정한 수많은 지성인 대부분이 원래 기독교인이었다는 사실을 기억하며, 왜 그들이 하나님을 부정하고 교회를 떠나려 했는지를 살펴보고 교회가 잘못한 점이 없는지 살펴 회개하고 변해야 합니다. 더 나아가 우리 주변에 있는 상처 받은 지성인들을 인내로 품고 사랑해야만 합니다.

○●○

회심한 무신론자들

무신론자들 가운데 죽기 전에 다시 주께 돌아온 사람도 있습니다. 그중 세 명을 소개합니다. 이들을 통해 왜 지성이 무신론자를 만드는지 그리고 왜 다시 돌아왔는지 살펴보고 신앙을 회복하기 바랍니다.

첫째, 신학교까지 졸업했던 찰스 다윈도, 진화론자들은 부인하는 부분이지만, 그의 인생 말년에 주께 돌아온 기록이 많이 있습니다. 비록 그의 일생에 하나님을 떠났다는 증거는 많지만, 그가 돌아온 증거도 많다는 것입니다. 그래서 그가 "난 성경을 믿지 않습니다."라고 썼던 편지가 19만 7천 달러에 팔릴 정도로 관심이 많지만, 더불어 그가 주님께 돌아온 내용의 편지도 있다는 것도 알 필요가 있습니다.

그가 죽기 전, 지인들에게 자신의 행동을 회개하는 편지도 증거로 나왔습니다. 가족이 숨겨 놓았던 증거도 있습니다. 언론과 경제 및 정치적인 이유로 얽혀 있는 복잡한 사항이 너무 많아 숨겨야만 했던 정황들이 엿보입니다.

이런 상황에서 중요한 것은 그가 돌아온 것인가 아닌가를 밝히는 것보다 더 우리가 어떤 믿음을 어떻게 따를 것인가를 도전 받는 것입니다.

다윈이 연구하는 동안에는 하나님을 부정했다는 사실을 우리 모두 알고 있습니다. 그러나 그가 죽기 전에 '히브리 성서를 여전히 믿는다고 고백'하고 신앙을 회복했다는 증거는 오랫동안 숨겨져 있다가 나왔습니다.

찰스 다윈은 노후에 그가 성경에서 말하는 신앙을 부여잡으려고 했었다고 합니다. 이 사실에 진화론 지지자들은 놀랐고 이 사실을 숨기려고 가족까지 만나지 못하도록 했습니다. 다윈이 성경에 회의를 가진 것도 사실이었지만, 죽기 전에 하나님을 다시 만나기 위해 주변 교회에 몰래 도움을 요청한 편지도 사실로 밝혀졌습니다. 다윈의 필체가 같았기 때문입니다.

진화론은 찰스 다윈의 작품이라기보다 정치 과학자, 출판사와 언론의 작품이었다고 말합니다. 돈과 권력의 관계 속에 찰스 다윈은 도구로 사용되었다고 그의 삶이 재조명되고 있기 때문입니다. 다윈은 늘 자신으로 인해 벌어진 일에 고뇌하고 고민하고 또 고민했다고 하는 숨겨졌던 역사들이 나오기 시작했습니다.

자신은 바지 사장 정도로 생각했다고 합니다.* 다윈은 그의 말년에 자신이 정확하게 말하지 않는 것 때문에 일어난 황당무계함을 깊이 후회하며, 자신의 실수를 다시 회수하지 못하는 것을 몹시 한스러워했다고 합니다.** 하나님께 돌아가며 회개하고 죽으면서 "저는 죽음 앞에서 일말의 두려움도 갖고 있지 않다."라고 고백하고 웨스트민스터 사원에 묻혔다고 합니다.

★ 그의 회심을 숨기는 이유에는 정치적·사회적 상황을 고려하면 이해가 간다. 그의 가족은 프랑스 종교개혁 당시 휘그당을 지지한 가문으로 웨지우드 도자기 공장을 어머니 가문이 운영하면서 부를 물려 받았다. 그때 찰스 다윈의 조부인 에라스무스 다윈 같은 잉글랜드 중부 급진주의자들의 성향도 복음주의를 살짝 덧칠한 중도적 국교회주의로 급속히 퇴화했다. 오늘날로 치면 수백만 파운드의 자산을 보유한 자유 사상가 로버트 다윈은 방황하는 둘째 아들인 찰스 다윈을 영국 국교회 목사(성공회 신부)로 교육시킬 작정을 했는데, 이는 당시에 덕망 있는 행위였다. 더불어 재산도 지킬 수 있는 방법을 생각한 결론이었다. 결국 성공회를 국교로 가진 영국과 계몽주의의 급진적인 운동 주의자들 사이에서 가족들은 그의 개종을 말하지 못하고 있었다는 것이다. 정치와 종교 사이의 싸움에 급진적인 계몽주의자들의 등쌀에 부를 잃을 것이 두려워 가족 누구도 다윈의 신앙생활과 개종에는 모른 체하고 있었다고 한다. 심지어 다윈과 부인은 영국과 먼 호주로 이민을 고려했었다고 한다. 성공회는 다윈 이전부터 나온 기독교를 부정하는 계몽주의자들의 득세를 막기 위해 다윈을 통해 하나님이 인간의 모든 종에 개입하심을 비밀리에 보이려고 했었다는 주장이다.
Lindsey German & Chris Harman, *Darwin: The evolution revolution - interview with James Moore*, Socialist Review Issue 150 (February 1992).

둘째, 옥스퍼드대학교 대분자 생물학 박사 알리스터 맥그래스 이야기입니다. 그는 무신론자의 아버지로 우뚝 선 『만들어진 신』의 저자 도킨스와 같은 옥스퍼드대학교 박사입니다. 그도 최고의 명성을 가졌던 과학자이자 무신론자였습니다. 그도 도킨스의 책을 읽으면서 무신론을 위해 독특한 책을 집필합니다.

도킨스의 책이 옳다는 것을 증명하기 위해 도킨스의 과학적 방법을 그대로 따라서 증명하는 책을 집필한 것입니다. 그는 처음에는 최대한 합리적으로 도킨스의 주장이 맞는다는 것을 증명하기 위해 접근했으나, 오히려 나중에 도킨스의 주장이 논리적으로 오류가 많다고 판단하고 연구 방향을 바꾸었습니다.

그렇게 탄생한 책이 『도킨스의 망상』이란 책입니다. 이는 도킨스의 주장을 반박하기 위함이었습니다. 그는 저서에서 "도킨스의 주장은 일방적이고 과장되었으며 도킨스는 틀렸습니다."라고 결론을 내리고 "도킨스 자신이 신의 위치에 있다고 착각하고 있는 것 같습니다."라고 정의를 내렸습니다. 그 후, 그는 다시 동 대학교 신학박사 학위를 받고 변증학자가 되었습니다.

셋째, 역시 옥스퍼드대학교 박사요 교수였고 최고의 지성인이었던 영

★★ 호프 여인 이야기(Lady Hope Story): 해외에서는 알려진 이야기이나 한국에는 아직 잘 알려지지 않은 책으로 이 책에 나오는 이야기가 사실로 드러나면서 그의 회심이 사실로 받아들여지고 있다. 무어는 다윈에 대해 서술하면서 방문한 여인이 실존하는 호프 여사라고 말했지만, 크로프트라는 이 여인으로 다년간 다윈의 재택 간호사였던 '에번스 부인'이라고 한다. 가스페롬 회중교회 교인으로 다윈에게 영적 영향을 주었을 것으로 추정하고 있다. 호프 여인의 본명은 일리저 리드 스태플턴-커튼이다.

문학자 C. S. 루이스에 관한 이야기입니다. 그는 당시 세계에서 가장 강력한 무신론자 중 한 사람이었습니다. 그로 인해 수많은 무신론자가 나오는 엄청난 영향력을 지닌 자였습니다.

그가 9살 때, 그에게 큰 상실감을 안겨 주었던 어머니의 죽음이 그가 무신론자가 된 가장 큰 원인이었습니다. 그 후 1차 세계 대전 중 친구들의 죽음과 의미 없이 죽은 많은 사람의 모습을 보면서 옥스퍼드대학교에서 공부할 당시 신앙에 회의를 느끼고 그는 이제 "과연 신은 존재하는가?"를 반문하다가 무신론자로 돌아섰습니다.

그는 정신심리학자 프로이트의 영향을 받았고 "종교라는 것은 아주 미성숙한 인간들이 갖는 것으로 원시적인 인간이 세상살이에 두려워 그 두려운 감정을 감추려고 갖는 미신과 같은 것"이라고 말합니다. 그 두려운 감정을 투사해서 만들어 낸 인간의 창작물로 하나님을 정의하고 맙니다.

그는 이어령 교수처럼 철저히 인문학에서 모든 답을 찾을 수 있다고 믿었습니다. 그래서 인문학에 몰두했습니다. 그러던 어느 날, 이성적으로는 하나님을 계속 거부하려 했지만, 자기 이성에 스스로 정직하다 보니 하나님을 하나님으로 인정하게 되었다고 합니다. 결국 그는 회개하고 회심했습니다.

그렇습니다. 지성 위에 영성이 있습니다. 이 세 명의 무신론자는 지성 위에 하나님이 계심을 깨달았던 것입니다. 하나님 나라는 세상 위에 있는 것이지 세상이 하나님 나라에 있는 것이 아닙니다. 교회는 겸손하게 지성 위에 계신 하나님의 사랑을 보이고 전할 때, 지성이 하나님을 이해하게 될 것입니다.

○ ● ○

하나님 존재를 인정할 수 밖에 없는 이유

천국은 반드시 있습니다. 천국은 흔히 '하나님 나라'라고 말합니다. 즉, 'Kingdom of God'을 말하는 것입니다. 우리가 말하는 'sky'가 아니라 하나님께서 임하시고 하나님의 능력이 미치는 곳을 말합니다. 천국은 바로 일상이라는 뜻입니다. 우리의 삶, 어느 한 곳도 빠짐없이 하나님의 손길이 미치지 않은 곳이 없습니다. 하나님께서 무소 부재하신 분이라는 것입니다. 장소와 시간을 초월해 하나님은 존재하십니다.

역사학자, 철학자 그리고 과학자와 같은 지성인들이 이성과 논리를 앞세워 하나님의 존재를 부정하려 애썼지만, 오히려 과학이 하나님의 존재를 증명해 주는 결과를 가져왔습니다. 감사한 일입니다.

과학자들이 제일 듣기 싫어하는 말이 있습니다. 바로 "하나님이 창조하신 세상은 너무도 광대해서 인간은 모든 것을 알 수도 없다."라는 것입니다. 또 "티끌보다 작은 지구에 사는 과학자 한 사람의 생각으로 하나님은 없다."라는 말입니다. 그래서 과학자들은 실험으로 하나님의 존재를 무시하려 했지만, 그때마다 밝힐 수 없는 수만 가지 이론이 오히려 하나님의 존재를 증명하는 결과를 낳게 되었습니다.

빅뱅 이론은 아직도 증명되지 않았고, 우주 진화론자들의 빅뱅 이론은 영원히 증명될 수 없을 것 같습니다. 그런데도 과학은 빅뱅 이론처럼 '정황 증거'가 추론과 일치하기에 합리적인 사실로 받아야 한다고 고집을 피우고 있습니다. 그렇지만 반대로 그들은 그들이 틀렸다는 합리적인 의심을 하는 것은 미신이라고 말하는 철부지 어린이와 같은 행동을 합니다.

진화론자들은 보지도 못한 기적을 바라보며 믿지만, 성경의 기적은 허구라고 말합니다. 영원히 증명할 수 없는 자신들의 이론은 과학적이고 논리적이기에 사실이지만 증명할 수 있는 성경은 미신적이라 사실이 아니라는 논리는 어디서 나오는 생각일까 궁금합니다.

보지 않고 실험도 반복되지 않는 미신적인 빅뱅을 믿으라고 하면 그것은 당연한 억지입니다. '정황상 일치'라는 이뤄질 수 없는 말로 없던 사실을 있는 것처럼 만들 수는 없지 않을까 생각합니다. 만약 그럴 수 있다면 성경도 정황상 일치로 믿어야 하는 것도 당연한 일일 것입니다.

이 시점에서 과학의 정직함과 윤리에 관해서도 깊이 생각해 볼 수 있기 바랍니다.

○ ● ○

증거

하나님이 존재하지 않고 기독교가 없다면, 삶의 주변 여기저기 나타나는 하나님의 존재를 보여줄 우리의 간증이 없었을 것입니다. 하지만 이 세상은 하나님의 존재를 볼 수 있는 수많은 것으로 가득 차 있습니다. 이런 증거만으로도 담대하게 하나님의 존재를 믿을 수 있는 것입니다.

참 지성인이라면 이 세상에 가득 찬 하나님의 존재 증거를 찾을 수 있을 것입니다. 우리는 그 하나님의 존재를 발견하고 담대하게 그리고 지혜롭게 복음을 전하는 사람들이 되길 바랍니다. 뉴턴, 칸트, 케플러, 파라데이, 도스토옙스키 등이 훌륭한 과학자요 철학자로서 세상에서 하나님의 존재를 발견한 사람들이었습니다.

과학 없이 기독교가 존재하는 것보다 과학이 있는 기독교가 하나님께 더 영광이 됩니다. 과학과 철학이 하나님의 존재를 더 확고히 믿을 수 있게 도움이 됩니다. 하나님이 원하시는 것, 하나님의 뜻은 세상의 모든 것을 가지고, 하나님의 영광을 드러내는 것입니다. 그리고 과학과 철학은 하나님의 존재 없이 이 세상을 바라보면 세상을 망치는 무기가 될 것이기에 하나님의 도구로 사용되는 것이 큰 영광입니다.

그렇습니다. 과학과 철학, 지성은 하나님 존재의 산물입니다. 그분이 만드신 것으로 가득 차 있는 과학과 철학을 통해 하나님의 광대하심과 임재하심이 가면 갈수록 더욱 선명히 드러내길 소망합니다.

로마서 1장 20절에서 "창세로부터 그의 보이지 아니하는 것들 곧 그의 영원하신 능력과 신성이 그가 만드신 만물에 분명히 보여 알려졌나니 그러므로 그들이 핑계하지 못할지니라."고 하셨습니다. 이 세상이 온통 하나님 나라를 증명할 것으로 가득 차 있습니다. 과학은 그것을 증명하기에 시간이 턱 없이 모자를 것입니다.

확신을 가지십시오,

지성 앞에 고개 숙이지 마십시오.

고물 심장이 되지 않도록 항상 주님으로부터 호흡을 공급 받으십시오.

복음 전함에 용감하십시오.

○ ● ○

사랑하는 후배들에게

인간이 찾은 두 번째로 큰 별 중에 큰개자리 VY 별(VY Canis Majoris)이 있다고 합니다. 우주 진화론자들은 빅뱅 때문에 태양으로부터 343,000,000 마일(약 552,000,000킬로미터) 떨어져 나가게 되었다고 주장합니다. 그런데 이거리는 실제 태양 축이 7도 기울어져 있는 것을 감안하지 않고 연구한 것이라고 합니다. 실제로는 아주 많이 멀리 있다는 것입니다.* 무슨 말입니까? 현대 과학은 빅뱅 이론이 틀렸음을 증명하고 있다는 것입니다.

그리고 그 별은 지구보다 7,000조 배가 크다고 말합니다. 만약에 지구가 달걀 크기라면 케니스 마조리스란 별은 태양의 50배 크다고 하니 상상이 안 갈 정도로 큰 별입니다. 우주에는 그렇게 큰 별들이 우리가 모르는 만큼 수없이 많이 있다고 합니다. 그런데 너무 멀리 있어서 하늘에 초롱초롱 보이는 작은 전등 같은 예쁜 점으로 보입니다.

그런데 그 별은 지구로부터는 4,892광년이 떨어져 있다고 합니다. 우리는 그 별이 너무 멀리 있어서 볼 수 없습니다. 제가 사는 덴버의 로키산

★ 우주 진화론이 빅뱅의 증거를 만들기 위해 노력하지만 발전되는 현대 과학이 틀린 점을 계속 발견하고 있다.

맥은 어디서나 보일 정도로 높습니다. 한라산의 두 배 반 높이입니다. 꽤 높습니다. 하지만 우리 집에서는 앞집에 가려서 볼 수 없습니다.

마찬가지로 작은 손톱을 눈앞에 놓고 볼 수 있지만, 이것이 내 눈앞을 가리면 영원하고 광대한 하나님의 창조물을 볼 수 없게 합니다. 마찬가지로 하찮은 과학이라는 손톱이 하나님의 광대하심과 그분을 보지 못하게 만들 때도 있습니다. 손톱 같은 불신은 당신의 영혼을 파괴할 것입니다.

과학, 철학, 이성, 논리, 명예, 권력, 부와 같은 손톱이나 달걀이 하나님의 존재를 보지 못하게 당신의 눈을 가리고 있을 때가 있습니다. 한국 교회가 하나님을 바라볼 수 없도록 눈을 가리는 것이 분명 있을 것이며 우리들의 눈도 가려져 하나님의 존재를 부정하기 위해 인생을 바치게 하고, 눈물을 바치고, 피를 바치고, 영혼을 팔고, 윤리를 어기고 살아가고 있을지도 모릅니다.

왜 그렇습니까?

우리가 매일 하나님과 만나지 않으면, 우리는 삶터에서 불신과 불평 그리고 거짓과 증오의 세상을 먼저 만나 보게 될 것입니다. 그러면 세상이 눈을 가려 하나님을 보지 못하게 하는 것입니다. 그때는 거짓과 어둠 그리고 정욕의 세상이 더 크게 보이고 하나님은 작게 보일 것입니다.

그러나 사실은 영원하신 하나님이 더 큽니다. 내 눈앞에 있는 것이 중요하기에 모두 가나안의 방법대로 부와 명예와 같은 것을 따라갑니다. 이런 차원에서 과학은 일종의 하나님을 볼 수 없게 하는 손톱처럼 쓰일 수 있습니다.

목적이 손톱인 사람은 절대 하나님을 볼 수 없습니다. 과학은 마음의 크기를 잴 수 없지만, 하나님은 마음의 크기를 재실 수 있습니다. 과학은 비물리적인 것을 연구할 수 없습니다.

사물의 현상과 질서와 조화를 공부할 수 있지만, 현상과 질서와 조화를 만드신 하나님을 연구할 수 없습니다. 땅에 떨어진 사과를 보고 중력이란 것을 발견하고 현상을 관찰하고 법칙은 만들어도 지구에서 나오는 그 큰 힘의 중력을 만들지는 못합니다. 무엇이든지 최초의 시작은 하나님 이십니다.

그렇기 때문에 바로 앞에 있는 것이 중요한 것이 아니라 "자기 스스로 무엇을 위해 살아가려는가?"라는 질문이 더 중요합니다. 무엇이 더 가치 있는 것입니까? 무엇이 더 중요합니까? 세상의 가치를 보고 사는 것이 아니라 우리가 영원히 존재하는 하나님을 바라보고 그분께 가는 것이 중요합니다.

보이는 것이 잠깐이요 보이지 않는 것은 영원함이라(고후 4:18).

지성의 둘레에서 지성의 영향을 받으며 지성을 따라가다 보면 지성이 두려워지고 그 둘레를 벗어나기 힘들 것입니다. 형제자매들에게서 복음에 대한 담대함은 사라지고 가나안 성도처럼 지성에 적응하며 살게 될 것입니다. 다음 세대가 지성에 고개를 숙이지 않고 담대한 그리스도인이 되기를 간절히 소망합니다.

영원한 것을 위해 영원하지 않은 것을 버리는 것은 바보가 아닙니다. 지성은 하나님이 주신 잠깐을 위한 것입니다. 그것이 하나님을 보지 못하게 한다면 지성을 버려도 바보가 아닙니다. 그런데 우리 하나님은 영원하지 않은 것을 위해 영원한 것을 버리셨습니다. 아니 영원하지 않은 것을 위해 영원한 것을 죽이셨습니다.

영원한 것과 무한한 것의 엄청난 능력을 아십니까? 영원하고 무한하신 하나님이 십자가에 달려 영원히 살 수도 없고 보잘것없는 유한한 나를 위해 돌아가셨습니다. 이는 분명 완전히 잘못된 주님의 삶의 계산입니다. 그러나 하나님은 이 세상을 사랑하사 독생자를 주시고 우리가 죽지 않고 영원히 살게 하신 것입니다.

사랑하시기 때문에 하나님은 하나님을 미워하는 가나안 백성을 위해서, 이스라엘 백성을 위해서 그리고 과학으로 하나님의 존재를 부정하는 사람들을 위해서, 오늘도 가나안 백성과 이스라엘 백성과 어느 영혼에 임재하십니다.

하나님은 저와 여러분 모두와 영원함을 나누고 싶어하십니다. 하나님은 인간을 단순히 사랑하시는 것이 아니라 영원히 사랑하고 싶으셔서 돌아가셨습니다. 그런데 인간은 영원하신 하나님을 미워해서 영원하지 않기를 바라고 있습니다.

하나님이 세상을 이처럼 사랑하사

독생자를 주셨으니

이는 그를 믿는 자마다 멸망하지 않고

영생을 얻게 하려 하심이라(요 3:16).

<hr>

점검할 내용

Q.1 주변에서 회심한 무신론자가 있습니까? 있다면, 그 무신론자가 어떻게 회심했는지 그 간증을 주변에 나누어 봅시다.

Q.2 하나님의 존재가 흔들리십니까? 지성의 영향력이 두려우십니까? 당신이 지금 처한 두려움을 나누고 주변의 신앙인들에게 기도 부탁과 도움 요청을 해 보면 어떻습니까?

Q.3 영원한 것을 위해 영원하지 않은 것을 버린다는 의미는 무엇입니까? 그리스도께서 십자가에서 영원한 것을 버리신 겸손을 생각하며 당신은 어떤 삶을 살아야 할지 고백하는 시간을 가져 봅시다.

마음을 온전히
주님께로

"당신이 하나님이 존재한다는 데에
모든 것을 걸고 그의 사랑에 마음을 연다면,
비록 어떤 일에 당신이 틀렸다 할지라도
아무것도 잃을 게 없습니다.
그러나 신이 없다는 데 건다면,
당신은 지금의 삶과 앞으로의 삶
모든 걸 잃게 됩니다."
_ 파스칼

주님, 저의 마음을 주님께 온전히 드립니다.

아멘.

다윗왕

이전 두 세기 전에 히타이트족이 철 제련과 주조 기술의 비밀을 발견하였고, 그 기술은 천천히 퍼져 나갔습니다. 그들은 이스라엘이 그 기술을 보거나 습득할 수 있도록 허락하지 않았습니다. 그래서 사울이 왕이 되었을 때, 블레셋은 철로 무장하였으나 이스라엘은 오직 사울왕이 가지고 있는 철로 된 칼이 전부였습니다. 그러나 다윗은 모든 것을 바꿨습니다.

그는 철기 시대를 이스라엘에 들여왔습니다. 성경은 다윗이 엄청난 양의 철을 사용했다고 기록하고 있습니다. 그리고 고고학자들이 지금의 팔레스타인 지방에서 그 시대의 증거물들을 발견했습니다. 이스라엘은 이제 막대기와 돌로 만들어진 빈약한 도구들 대신에 철제 쟁기와 괭이와 낫과 군사 무기를 가졌습니다.

이윽고 그 시대 이스라엘은 완전히 변화했습니다. 철의 도입은 어떤 면에서 우리 세대가 마이크로 칩을 가지게 된 것과 비슷한 정도의 충격이었습니다. 그래서 다윗은 기술이 풀지 못하는 수많은 문제점이 있다는 것까지도 알게 되어 더 튼튼한 철을 만들었습니다.

세상에는 많은 문제점이 남아 있습니다. 그 문제점들은 여전히 우리 가운데 있고 우리들은 그것들을 풀지 못했습니다. 아무도 말하지 않는 그 문제를 알 수 있는 길이 없습니다. 더불어 해결도 못하는 것은 당연합니다. 다윗은 성장하면서 귀한 지혜를 갖게 됩니다. 하지만 다윗도 그 지혜를 이용하여 철이라고 하는 하나님의 복을 전쟁을 하기 위한 도구로 사용하게 됩니다. 인간의 악함이었습니다.

당신은 자신이 얼마나 자기중심적인 모순의 인간인지 생각해 보신 적이 있으십니까? 인간은 우주의 가장 깊은 비밀을 탐사하게 될 것입니다. 첨단 기술이 놀라울 정도로 극한까지 끌어올렸습니다. 몸속에 마이크로 칩이 들어가서 건강 상태를 체크하고, 집 앞까지 무인 소포 배달이 가능하고 무인 자동차와 드론 서비스까지 발전했습니다. 또 곧 인간의 생각이 맞는다면, 수십억 광년 바깥의 은하를 방문하게 될 날도 멀지 않았다고 믿고 있습니다.

DNA 정보를 만들 수 있는 게놈 프로젝트도 시작했습니다. 병 치료를 위한다고 줄기 세포를 연구했습니다. 무인 우주선 시대를 열고 인공지능 로봇이 모든 일을 하게 될 날이 멀지 않았습니다.

하지만 과학이 인간의 능력이라고 생각하는 순간 양심은 깨지고 질투와 시기 그리고 미움이 일어났습니다. 이것이 전쟁의 시작이란 것을 과학자들은 알고 있을 것입니다. 그래서 과학의 힘으로 로켓을 만들었지만 그로 인해 세상이 망가지고 있습니다.

그런데 믿음을 가진 하나님의 백성까지도 하나님의 존재를 무시하는 지성의 정욕을 위해 혼신을 다해 살아갑니다. 지성에 뒤쳐지는 것에 두려워 살아갑니다. 신앙을 가지는 것을 무식한 삶을 사는 것으로 착각하며 살아갑니다. 그러나 그 마음은 이미 병들었습니다. 우리 문제는 우리가 하나님이라 부르는 우리의 창조자에게서 멀어졌다는 것에 있습니다. 우리의 영혼을 회복시키는 것은 오직 하나님만이 할 수 있는 일입니다.

예수님이 말씀하셨습니다.

마음에서 나오는 것은 악한 생각과 살인과 간음과 음란과 도
둑질과 거짓 증언과 비방이니(마 15:19)

문제는 유혹이 아닙니다. 상황이 아닙니다. 명예가 아닙니다. 기술이 아닙니다. 문제는 그것을 사용하는 사람입니다. 문제는 지성을 가까이하고 살아가는 내가 문제입니다. 당신이 문제입니다. 그래도 감사한 것은 하나님이 계시기에 지금껏 악으로 물들 수 있는 이 세상을 지키고 보호할 수 있었습니다. 하나님을 날마다 가까이 하며 살아야 합니다.

다윗왕은 그가 그의 영혼 깊은 곳을 알고 있다고 말했습니다. 그조차도 간음과 살인을 포함한 개인적인 문제와 개인적인 악함에서 벗어나지 못했습니다. 그런데도 다윗왕은 하나님의 용서를 구했습니다. "여호와만이 제 영혼을 회복시킬 수 있습니다."라고 고백했습니다.

성경은 우리가 영혼과 육체로 되어 있다고 말합니다. 우리 안에는 우리가 이해할 수 있는 차원을 넘어선 어떤 것이 있습니다. 그것은 우리가 과학 기술에서 찾은 것 이상의 것입니다.

과학자로서 한 영혼 한 영혼은 삶을 넘어선 그 이상, 하나님 세상의 것을 찾아내는 것을 이루었고 앞으로도 할 부분입니다. 진정으로 하나님을 갈구하는 당신의 한 부분입니다.

과학은 하나님의 영광을 보게 하기 위해 만들어졌고 하나님께 속한 것이기 때문입니다. 그래서 과학을 통해 우주를 보면, 하나님을 더 잘 이해할 수 있습니다. 하나님의 광대하신 능력을 체험할 수 있습니다. 하나님의 존재를 부인할 수 없게 됩니다.

세상을 살면서 당신을 두렵게 하는 적으로부터 승리하십시오. 지성은 하나님의 것입니다. 영혼을 세상에 주지 마시고 주님의 생명이 있는 심장을 간직하십시오. 두려움과 정욕으로부터 심장이 고물 되지 않도록 애쓰십시오. 그리고 세상을 접하고 지성을 접할 때마다 선포하십시오.

주님, 과학을 주셔서 하나님의 존재와 광대하신 능력을 체험할 수 있게 해 주심에 감사 드립니다!

믿음으로
모든 세계가 하나님의 말씀으로 지어진 줄을 우리가 아나니
보이는 것은
나타난 것으로 말미암아 된 것이 아니니라(히 11:3).

Q.1 고장 난 심장을 가지도록 하는 우리의 악함은 무엇입니까?

Q.2 고장 난 심장을 가지지 않고 지성을 대하는 당신의 자세는 무엇입니까? 당신이 온전히 다음 세대가 지성에 영향을 받지 않도록 하기 위해 할 수 있는 일은 무엇입니까? 구체적이고 실제적인 것을 고민해 봅시다.

오늘 저는 드디어 수십 년 마음에 부담감을 가지고 있던 이 한 권의 책을 마칩니다. 사역 30주년을 맞아 예수님을 영접한 이후 지금까지 품고 있었던 거룩한 부담감을 떨쳐버린 기분입니다.

코스타와 청년 사역을 하며 저처럼 지성에 믿음이 흔들리는 영혼과 하나님이 좀처럼 이해되지 않는 영혼들의 방황을 대하면서 늘 괴로웠습니다. 어떻게든 도움을 주고 싶어서 30년을 기도했습니다.

수박 겉핥기 식의 글이지만 지성의 영향으로 믿음이 흔들리는 청년들이 있다면 조금이나마 격려가 되고 도움이 되길 원하는 마음으로 이 글을 당신께 선물합니다.

이 책이 코로나19가 세상을 강타하여 출간도 늦어지고 다음 세대 사역에 쓰여지는 것도 지장이 있을 것입니다. 이마저도 아마 하나님의 뜻이 있으리라 생각합니다.

이런 평안한 마음으로 마지막 한 타를 치고 저장했습니다.

여러모로 너무 부족해서 많은 아쉬움이 남지만 부족한 부분은 주님이 채워 주시리라 기대하며 출판합니다.

모쪼록 지성의 영향으로부터 고생하는 한 영혼의 다음 세대를 살리고, 흔들리는 믿음을 지닌 영혼이 살아나길 기대합니다.

다음 세대 모두를 깊이 사랑하며

선배 임 흥 섭 목사

내가 복음을 부끄러워하지 아니하노니

이 복음은

모든 믿는 자에게 구원을 주시는

하나님의 능력이 됨이라.

(롬 1:16)